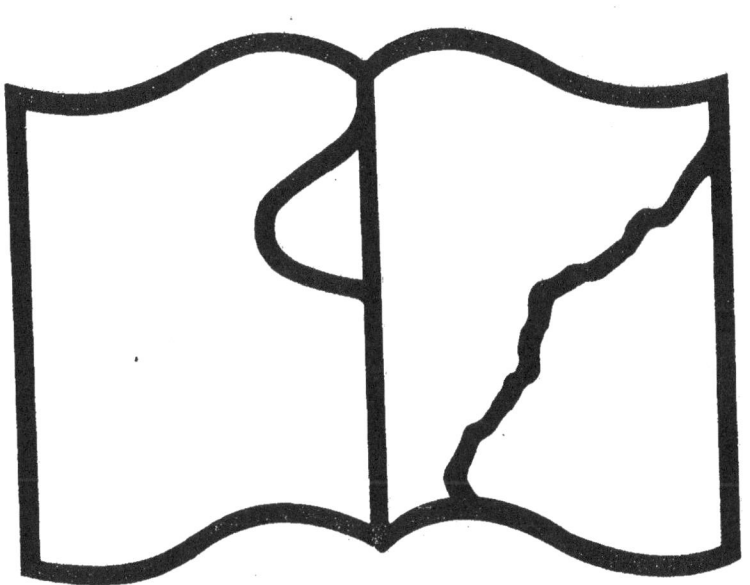

Texte détérioré — reliure défectueuse

NF Z 43-120-11

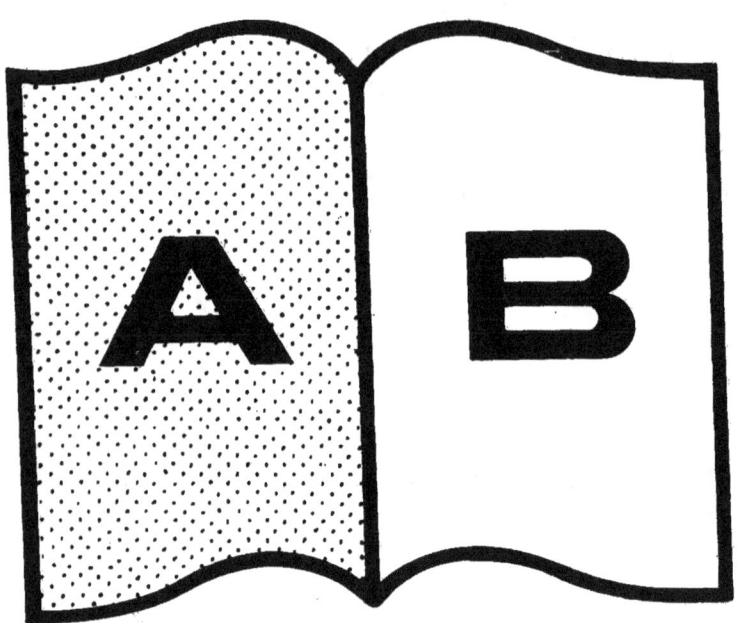

Contraste insuffisant

NF Z 43-120-14

GEORGES CAIN.

ANCIENS THÉATRES DE PARIS.

LE BOULEVARD DU CRIME.
LES THÉATRES DU BOULEVARD.

*Avec de nombreuses reproductions
de documents anciens.*

PARIS.
EUGÈNE FASQUELLE, ÉDITEUR,
11, RUE DE GRENELLE, 11.
—
1906.

ANCIENS THÉATRES
DE PARIS

Il a été tiré de cet ouvrage :

25 exemplaires numérotés sur papier du Japon.

L'AFFICHEUR.

GEORGES CAIN

ANCIENS THÉATRES

DE PARIS

LE BOULEVARD DU TEMPLE
LES THÉATRES DU BOULEVARD

Orné de 376 reproductions de documents anciens

PARIS
Librairie CHARPENTIER et FASQUELLE
EUGÈNE FASQUELLE, ÉDITEUR
11, RUE DE GRENELLE, 11

1906
Tous droits réservés

Au Maître Victorien Sardou

En témoignage de profonde reconnaissance et de respectueuse affection.

Mars 1906.   G. C.

Au Maitre Victorien Sardou

En témoignage de profonde reconnaissance et de respectueuse affection.

Mars 1906. G. C.

AVANT-PROPOS

Au moment de remettre à mon aimable éditeur le « bon à tirer » définitif de ce petit volume, j'ai le très agréable devoir de dire publiquement un grand merci à tous ceux qui ont bien voulu me prêter le concours de leur esprit, de leur science, de leurs souvenirs, de leur documentation. MM. A. Pougin, A. Soubies, L. Péricaud, ces parfaits érudits pour qui l'histoire du théâtre n'a pas de secrets, E. Noël et Stoullig, dont les *Annales* si documentées sont des guides précis et précieux, Mme Pasca, grande artiste et haute intelligence, Mmes Pierson et Bartet, racontant avec autant d'esprit que de grâce leurs souvenirs d'hier, alors que je leur parlais de leurs triomphes d'aujourd'hui, tous ont été si aimables et si accueillants, que j'en reste confus autant que charmé.

J'ai interrogé le bon acteur Lassouche, qui,

rajeuni, m'a dépeint le boulevard du Crime; l'excellent Péricaud m'a fait revivre le théâtre des Funambules, cher à nos pères; M. Henry Lecomte a mis à ma disposition ses remarquables collections et son impeccable savoir, et M. Masset m'a confié les amusants manuscrits de son père; Frédéric Febvre m'a conté — comme il sait conter — sa joyeuse jeunesse; Bonnat, Massenet, H. Heugel, Ch. Malherbe ont battu le rappel de leurs souvenirs dramatiques, et Detaille a bien voulu « mimer » pour nos lecteurs « les combats à l'hache » et la « Prise du Drapeau » qui avaient charmé sa prime jeunesse.

Henri Lavedan, Maurice Donnay, A. Capus, Jacques Normand, Pierre Decourcelle, R. de Flers, A. de Caillavet, Michel Provins, qui me font l'honneur de leur amitié, m'ont conté les impressions personnelles ressenties pendant ces soirs de bataille qui furent pour eux des soirs de victoire. MM. C. Coquelin et L. Guitry, très grands artistes et causeurs exquis, après avoir été acclamés sur la scène, voulurent bien subir le supplice de « l'interview », comme Porel et Albert Carré, qui parlent théâtre avec autant d'esprit et de science qu'ils en déploient pour triompher dans l'art si difficile de la mise en scène!

J'en oublie certainement, et je m'en excuse, parmi ces aimables collaborateurs qui gracieusement se sont faits mes complices. — D'ailleurs, Paris a pour son cher théâtre des indulgences et des grâces particulières. Petits et grands, tous l'ont aimé, l'aiment ou l'aimeront.

Nos grands-parents, nos parents le chérissaient, beaucoup des vieux amis de notre famille étaient des auteurs célèbres; mon frère et moi les écoutions avec ravissement, et ce sont ces amusantes causeries qui avaient bercé notre enfance que je me suis efforcé de rappeler. Enfin MM. Victorien Sardou, Ludovic Halévy, et Jules Claretie, avec une affectueuse bonté, dont je ne saurais jamais assez les remercier, m'ont fait la faveur de me guider dans mon travail. J'évoquais leur glorieuse carrière, et ils voulurent bien ne pas répondre « Assez! » alors que je disais « Encore? »; ils se laissèrent interroger de si bonne grâce, que j'en abusai indignement, et le meilleur de ce petit livre est certainement fait de leurs souvenirs.

Ai-je besoin d'ajouter que jamais je n'eus l'idée présomptueuse d'écrire en ces pages légères l' « Histoire » du Théâtre! Loin de moi cette prétention; mon but est tout autre. J'ai visé presque uniquement l'anecdote amusante, le menu fait, l' « à côté »; j'ai bien souvent regardé dans la coulisse plutôt que sur la scène, et mon unique ambition serait que le public prit à lire ces historiettes théâtrales le plaisir que j'éprouvais à les écrire, sous la dictée de ces conteurs exquis que Paris applaudit avec tout son cœur ému et toute son infinie reconnaissance.

Georges CAIN.

Mars 1906.

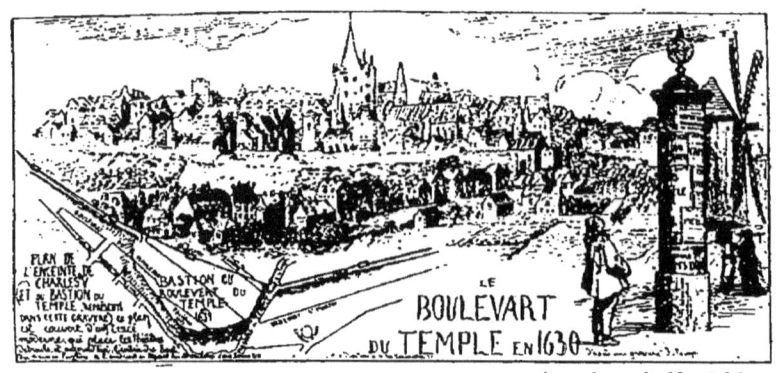

(Eau-forte de Martial.)

LE BOULEVARD DU TEMPLE

Les origines du boulevard du Temple. — Nicolet et le théâtre des Grands-Danseurs du Roi. — Le Grimacier. — Le théâtre des Associés. — Mme Saqui.

En 1670, Louis XIV — par un arrêté en date du 8 juin — ordonna la continuation du Cours qui, traversant l'enclos et le marais du Temple, partait de la porte Saint-Antoine pour aboutir à la rue des Filles-du-Calvaire. On combla les fossés, on planta des arbres, on éleva un rempart, et la promenade se poursuivit jusqu'à la porte Saint-Martin ; ce fut l'origine de ce boulevard du Temple, qui devait tenir une si belle place dans l'histoire du théâtre à Paris.

Ce nom de « Quartier du Temple » venait des Templiers — ces soldats religieux — qui avaient établi sur ces vastes terrains le siège de leur Ordre. Le 13 octobre 1307, le roi de France, Philippe le Bel, poussé par le Pape Clément, décide leur suppression : le grand-maître Jacques de Molay est arrêté, et, après un effroyable et inique procès, brûlé vif, ainsi que Guy, grand-prieur de Normandie, dans l'île du Palais, à la pointe de la Cité; et de tous ces tragiques souvenirs un nom seulement survivait : *boulevard du Temple*, ce lieu de plaisirs, de rires, d'amusements, d'étonnements, d'ébattements, cette kermesse perpétuelle, cette foire populaire, cette terre classique du calembourg, du coq-à-l'âne, de la réclame, des parades et des pitreries, dont Désaugiers écrivait vers 1820 :

> La seul' prom'nade qu'a du prix,
> La seule dont j'suis épris,
> La seule où j'm'en donne, où je ris,
> C'est l'boul'vard du Temple à Paris!

En peu de temps, cette belle avenue plantée d'arbres, spacieuse, verdoyante, devint un but de réunion. Ce fut le rendez-vous de la meilleure société, et aussi de la pire, qui se pressait *A la Promenade des Remparts*. Vers quatre heures, les voitures défilaient entre le boulevard des Filles-du-Calvaire et la Bastille, à ce point nombreuses qu'elles ne pouvaient avancer qu'au pas. Les pri-

sonniers de la célèbre forteresse qui jouissaient de la faveur des terrasses ne manquaient jamais de s'y rendre à ce moment choisi et, de loin, ils avaient le plaisir de lorgner et de saluer leurs belles amies.

Une délicieuse gravure de Saint-Aubin nous montre ce fameux coin de Paris rempli de mouvement, débordant de vie ; les cabriolets s'y croisent, les marchandes d'oublies, de gâteaux de Nanterre, de sucres d'orge y circulent ; les marchands de coco y débitent leur marchandise, les badauds s'y pressent; les grandes dames y déploient leurs grâces et les jolies filles s'y affichent, — témoin cette amusante gravure de modes que le dessinateur Brion commente ainsi : « *L'agaçante Julie reposant sur le boulevard, en attendant bonne fortune, elle est en robe du matin avec un chapeau à la chasseresse aux cœurs volants.* » Fanchon la Vielleuse y fredonne les chansons de Collé, de Panard et de l'abbé de Lattaignant. C'est l'aube du succès qui se lève sur le boulevard du Temple.

Les saltimbanques et les bateleurs, attirés par le public, y installèrent bientôt leurs parades, et le sieur Gandon, — un vétéran de la foire Saint-Germain, — y établit la première baraque. Gandon comptait dans sa troupe un sujet remarquable, le père Nicolet, qui tenait l'emploi des Arlequins; ce Nicolet avait un fils, pitre et acrobate, qui voulut à son tour tenter fortune et, lui aussi, s'improvisa directeur forain en 1760 ; le succès favorisa vite son entreprise : bientôt le théâtre devint trop

La Promenade des Remparts de Paris. (St-Aubin fec^t.)

petit; Nicolet loua, en 1764, un terrain voisin de celui qu'il occupait déjà et fit construire une nouvelle salle dont il devint propriétaire après trois ans de luttes administratives et de difficultés matérielles. Sur la façade du théâtre Nicolet se lisait ce titre : *Salle des Grands-Danseurs*. Dans son étude si précieuse et si documentée sur le boulevard du Temple, Brazier nous apprend qu'on y représentait des pantomimes, qu'on y voyait des sauteurs, des danseurs de corde, qu'on y applaudissait les « Alcides » les plus étonnants, les équilibristes les plus adroits. Bref, c'était toujours *de plus fort en plus fort chez Nicolet*. L'expression a traversé les temps, et l'heureux Nicolet, après avoir fait salle comble, en 1767, vivra dans la mémoire des hommes. Son singe, son fameux singe, qu'il employait aux parades de la porte, divertissait tout Paris, lorsque, revêtu d'une robe de chambre ayant appartenu à Molé de la Comédie-Française, alors malade, il contrefaisait avec force grimaces les tics et les gestes convulsifs de cet acteur à la mode. On fit même, sur cette amusante parodie, une chanson dont voici deux couplets :

..... Si la Mort étendait son deuil
Ou sur Voltaire ou sur Choiseuil,
Paris serait moins en alarmes
Et répandrait bien moins de larmes
Que n'en ferait verser Molet
Ou le singe de Nicolet !

Peuple ami des colifichets,
Qui porte toujours des hochets,
Rends grâces à la Providence,
Qui, pour amuser ton enfance,
Te conserve aujourd'hui Molet
Ou le singe de Nicolet !

Le succès rend audacieux : Nicolet remplaça ses marionnettes et ses saltimbanques par des acteurs

BOULEVART du TEMPLE théâtre de NICOLET d'après une vue d'optique de 1775

vivants et s'adressa, pour composer ses petites pièces comiques, à un sieur Taconnet; c'était avoir la main heureuse. Taconnet, machiniste à l'Opéra-Comique, était un gai compagnon, plein de verve populacière, d'esprit railleur et bon enfant, gai, original, un peu ivrogne, — ayant coutume de dire pour manifester son plus profond dédain : « Je te méprise comme un verre d'eau. » C'était, en somme, l'auteur rêvé pour cette petite scène, moitié baraque, moitié théâtre, où les gens du beau monde aimaient à aller s'encanailler et où la brave populace parisienne s'amusait si fort.

En moins de dix ans, Taconnet composa plus de soixante pièces, qui presque toutes réussirent. Il y eut bien l'éternelle jalousie des grands directeurs de théâtres privilégiés, qui s'efforcèrent de ruiner l'entreprise. On vit l'Opéra jaloux du théâtre des Grands-Danseurs! Mais Nicolet n'était pas homme à baisser facilement pavillon. *De plus fort en plus fort* était toujours sa devise. Il le prouva mieux que jamais en 1770, lorsqu'après un incendie qui détruisit son théâtre il le reconstruisit immédiatement et finalement obtint l'inespérée faveur de mettre sur sa façade : *Théâtre des Grands-Danseurs du Roi!* après une représentation où sa troupe s'était couverte de gloire, à Choisy, devant Louis XV et M™ Dubarry.

Le répertoire se composait d'arlequinades et d'ouvrages à spectacle; des acrobates, des équilibristes, des pitres remplissaient les entr'actes. Dans sa très intéressante étude sur les Théâtres du boulevard du Crime, mon ami Henri Beaulieu raconte que Taconnet mourut, en 1775, des suites de son ivrognerie invétérée, à l'hôpital de la Charité où Nicolet avait fondé des lits pour ses acteurs. Nicolet vint l'y voir: « Monsieur, dit-il au Prieur, n'épargnez rien pour sa guérison, je donnerais cent louis pour le conserver ! » — « Monsieur Nicolet, réplique alors Taconnet d'une voix mourante..., pourriez-vous pas me donner un petit acompte ? »

Non loin du *grand café Alexandre*, à côté du

Les Farces ou Bobèche en bonne humeur.
(Duplessis Bertaux.)

théâtre de Taconnet, s'élevait une autre baraque, le *théâtre des Associés*. Vers 1769, un bateleur, du nom de Vienne, dit Beauvisage, obtenait, boulevard du Temple, un immense succès. La foule groupée autour de lui se tordait de rire : c'était le *Grimacier*, personnage étrange, fantastique, stupéfiant, dont les simagrées, les contractions, les contorsions, provoquaient la plus folle gaieté. Au cours de la séance, le Grimacier faisait passer sa sébille, et la recette était toujours fructueuse, à ce point que ce saltimbanque, lui aussi, voulut posséder sa baraque. Il y gagna de l'argent et la céda bientôt à un entrepreneur de marionnettes, sous cette seule condition « qu'il resterait toujours grimacier en chef et sans partage ». Il paraissait dans les entr'actes. — D'où ce titre : *théâtre des Associés*. Près de là se dressa, vers 1814, et avec l'autorisation de Louis XVIII, le *théâtre de Mme Saqui*, la célèbre danseuse de corde, qui, âgée de quatre-vingts ans, devait encore être applaudie à Paris, vers 1863, à l'Hippodrome d'Arnault, dansant sur la corde raide, en costume de Minerve, et casque en tête !

C'est en haine et par jalousie de Mme Saqui que fut construit, en 1816, le *théâtre des Funambules*. Entre ces deux établissements rivaux et voisins, c'était la guerre. L'excellent Péricaud, qui est non seulement un artiste de talent, mais encore un remarquable écrivain théâtral, a consacré un livre charmant et définitif à l'histoire du *théâtre des Funambules*, où il nous raconte par le menu ces luttes épiques. Une anecdote entre cent : Un jour Bertrand, le directeur, fait afficher au foyer une ordonnance par laquelle « il est interdit, dans toutes les dépendances du *théâtre des Funambules*, de prononcer le nom de Mme Saqui, M. Bertrand considérant l'appellation de ce nom comme une réclame faite à un théâtre méprisable par les gens qui le dirigent :

des amendes sévères seront appliquées à ceux qui enfreindraient cet ordre de l'administration ». Le lendemain, on put lire au bas de la pancarte directoriale ces mots de révolte : « Un directeur n'a pas le droit de boucler la bouche d'un artiste. Nous ne sommes pas des esclaves. Je parlerai, au

GRAND CAFÉ ALEXANDRE. (Musée Carnavalet.)

théâtre et au dehors, de Mme Saqui, tant que je voudrai, et j'engage mes camarades à faire comme moi. » — La réponse était anonyme. — Le soir même, M. Bertrand ripostait : « *Celui ou celle qui a répondu si malhonnêtement à l'ordre que j'ai donné n'est qu'un drôle. Je m'engage publiquement à donner 50 francs de récompense à celui qui viendra me dire son nom.* » — Un quart d'heure après, un pauvre diable nommé Gustave, qui remplissait les fonctions de « second Cassandre ! » se présente timidement au cabinet directorial.

— Monsieur Bertrand, donnez-moi les 50 francs. C'est mal ce que je vais faire, mais le besoin m'y pousse : je viens dénoncer le coupable.

THÉATRE DES FUNAMBULES.

— Vite, nommez-le-moi.

— Pas avant d'avoir touché mes 50 francs !

— Vous n'avez donc pas confiance en moi ?

— Si fait, mais j'aime autant les toucher avant.

— Les voici : parlez vite.

— Eh bien, monsieur Bertrand, l'infâme c'est moi !

— Misérable ! — Je vous chasse du théâtre !

— Je m'en doutais, aussi ai-je tenu à toucher d'avance !

— Vous savez que je vous mets dehors.

— Ça m'est égal, il y a huit jours que je suis engagé par Mme Saqui.

— Gredin, je vais vous...

Gustave, en défense, put s'esquiver.

Dix minutes plus tard, Bertrand, fou de colère, racontait à Deburau l'exécution qu'il venait de faire de ce méprisable Gustave.

— Mais il n'est sûrement pas le coupable... fait Deburau.

— Puisque je te dis qu'il m'a avoué, lui-même, être l'auteur de la réponse injurieuse...

— Impossible ! Il ne sait ni lire ni écrire, il ne voulait que toucher les 50 francs. »

(D'après une gravure de l'époque.)
LA PARADE DU BOULEVARD DU TEMPLE A PARIS.

Les Délassements-Comiques. — Le théâtre de la Malaga. — Le boulevard du Temple. — Le musée de cires du sieur Curtius. — Le théâtre Patriotique et les boniments de Salé. — Bobèche et Galimafré. — Une lettre de M. Ludovic Halévy. — L'Ambigu-Comique. — Les troupes d'enfants. — *L'Auberge des Adrets* et Frédéric-Lemaître. — L'incendie de 1827.

En 1785, entre l'Ambigu et la porte du Temple, s'élève une nouvelle salle, *le Délassement-Comique*. Un sieur Plancher-Valcour en était à la fois le directeur, l'auteur, l'acteur, le régisseur. Cet homme actif et intelligent aurait vu certainement son entreprise prospérer, si un incendie, en 1787, n'était venu dévorer le théâtre. Valcour reconstruit une nouvelle scène et se remet courageusement à l'œuvre. Le public s'intéresse à ses efforts; puis, comme toujours, les voisins prennent ombrage du succès naissant; une fois de plus ils protestent, réclament, intriguent et obtiennent du lieutenant de police Lenoir une ordonnance par laquelle : « Il est enjoint au directeur du théâtre des Délassements-Comiques de ne représenter à l'avenir que des pantomimes, de n'avoir jamais que trois acteurs en scène et d'élever une gaze entre eux et le public. »

En même temps que cette malencontreuse ordonnance, éclata la Révolution, et, suivant la jolie expression de Duchesne dans l'*Almanach des Spectacles*, « le voile de gaze fut déchiré par les mains de la Liberté ».

A côté du *Délassement-Comique*, une banquiste, « Mademoiselle Malaga », avait installé ses tréteaux. C'était une charmante danseuse de corde qui comptait un grand nombre d'admirateurs; avant chaque séance, la jolie saltimbanque apparaissait, pendant la parade, dans un costume pailleté, presque toujours rouge, et très décolletée, et la foule émue se pressait dans sa baraque.

En 1791, un décret de l'Assemblée nationale proclame la liberté des théâtres. Quel événement! Quelle émotion! Brazier nous apprend que « le boulevard du Temple ne resta pas en arrière; aussi, en l'espace de deux ans, vit-on s'ouvrir sur ce boulevard une foule de nouveaux spectacles » : *les Élèves de Thalie, les Petits-Comédiens français, le théâtre*

(Eau-forte de Martial.)
LES DÉLASSEMENTS-COMIQUES.

Minerve, le café Yon, le café Godet, le café de la Victoire où l'on jouait la comédie, sans compter les marionnettes, les cabinets de physique et de curiosité.

« J'étais enfant, bien enfant, raconte Brazier, mais je me rappelle encore combien ce boulevard était animé. A midi, les parades commençaient : à peine un Paillasse avait-il fini qu'un autre lui succédait deux pas plus loin. On entendait le son aigre d'une clarinette, le bruit sourd de la grosse caisse, les cymbales qui vous brisaient le tympan, et puis les cris des marchands et des marchandes : « Ma belle orange !... Ma fine orange !... Ça brûle... ça brûle !... A la fraîche, qui veut boire !... » C'était étourdissant... c'était fou... mais original... varié... C'était palpitant... c'était vivant ! » Et pendant bien des années encore ce joyeux boulevard amusa Paris.

Boulevard du Temple également se trouvait *le Musée de cire du sieur Curtius*. A la porte, l'aboyeur en carrick à collets conviait à grands cris le public à venir contempler « les plus grandes célébrités dans tous les genres ».

Curtius avait installé son principal musée au Palais-Royal, mais avait fondé une succursale au milieu de cette fête populaire permanente. C'est même dans ce dernier établissement que, le 12 juillet 1789, un beau dimanche ensoleillé, la foule, remplissant le boulevard du Temple, envahit le salon de Curtius, en arrache les bustes de Necker et du duc d'Orléans, et les transporte triomphalement dans les rues, recouverts d'un voile noir. On sait le reste : le cortège fut arrêté, place Vendôme, par un détachement du Royal-Allemand ; l'image de Necker eut la tête fendue, et celui qui la portait, « le sieur Pépin, colporteur de mercerie, demeurant

(Fragment d'une eau-forte de Martial)
BOULEVART DU TEMPLE Figures de Cire 1841

rue des Vertus, n° 44 », reçut une balle dans la jambe, un coup de sabre à la poitrine et tomba à côté du buste brisé.

Après avoir été ainsi mêlé aux premiers événements de la Révolution, le boulevard du Temple, qui appréciait fort cette ère de liberté, et où tous les théâtres avaient fait relâche le jour de la mort de Mirabeau, s'empressa de célébrer le régime nouveau.

Le *théâtre des Associés* prend le nom de *théâtre Patriotique* : il avait alors pour directeur un sieur Sallé qui, comme ses confrères, jouait les principaux rôles dans sa troupe; borgne, il préférait toutefois l'emploi des Arlequins dont le masque dissimulait son infirmité, mais il ne dédaignait pas de remplir l'office plus modeste d'aboyeur; témoin ce boniment qu'il hurlait à la porte de son théâtre : « ... Entrez, entrez, prenez vos billets. M. Pompée, premier sujet de a troupe, jouera ce soir avec toute sa garde-robe... Faites voir l'habit du premier acte. (On montrait l'habit.) Entrez... entrez... M. Pompée changera douze fois de costume; il enlèvera la fille du commandeur avec une veste à brandebourgs et sera foudroyé avec un habit à paillettes... »

Ce même Sallé, nous apprend toujours Brazier, ennuyé des réclamations des « Messieurs de la Comédie-Française » qui, par huissier, lui avaient fait défendre de représenter sur son théâtre aucun ouvrage de leur répertoire, leur écrivait : « Messieurs, je donnerai demain dimanche une représentation de *Zaïre* ; je vous prie d'être assez bons pour y envoyer une députation de votre illustre compagnie, et, si vous reconnaissez la pièce de Voltaire après l'avoir vue représentée par mes acteurs, je consens à mériter votre blâme et m'engage à ne jamais la faire rejouer sur mon théâtre. » Lekain, Préville et quelques-uns de leurs camarades se rendirent à

(Jean Roller pinxit)   (Musée Carnavalet.)
LA PARADE DE BOBÈCHE ET DE GALIMAFRÉ.

cette amusante invitation et s'y divertirent si fort
qu'à l'avenir les Comédiens-Français permirent à

Sallé de représenter les parodies de toutes les tragédies du répertoire ! Après la mort de Sallé *le théâtre Patriotique* changea encore de nom et se nomma « *Théâtre sans Prétention* », c'est sous cette dernière appellation qu'il disparut définitivement, en 1807, emporté par le Décret Impérial qui supprima tant de petits théâtres à Paris.

Plus tard, Bobèche et Galimafré font la joie du boulevard. Gais, spirituels, amusants, mêlant à la bêtise voulue la fine raillerie qui cingle et souligne les ridicules du jour, ces deux saltimbanques eurent un tel succès que les groupes se formaient devant l'estrade où ils paradaient avant l'heure fixée pour leur apparition en public. Souvent même l'autorité dut intervenir, et Bobèche et Galimafré furent vertement tancés pour leurs incartades de langage ; mais Paris les acclamait ; le bon Nodier s'arrêtait longuement pour les écouter, avant de regagner la Bibliothèque de l'Arsenal ; Bobèche et Galimafré étaient célèbres et savouraient les ivresses du succès !

Nous avions passé très rapidement, — trop rapidement, — sur cet amusant théâtre des *Délassements-Comiques*.

Le maître Ludovic Halévy a bien voulu rectifier cette insuffisante citation, et la lettre exquise et spirituelle, qu'il nous a si aimablement adressée remet les choses au point. C'est une bonne fortune pour nos lecteurs et un grand honneur pour notre petit livre.

« Mon cher Ami,

J'ai lu avec le plus grand plaisir les épreuves de votre très intéressant et très spirituel volume sur les *Théâtres du Boulevard*, mais il est, ce me semble, un théâtre auquel vous avez fait trop étroite mesure : les *Délassements-Comiques*. Ce tout petit théâtre a été, en effet, grâce à son directeur mon ami Léon Sari, un des spectacles les plus curieux et les plus amusants de Paris.

C'est au commencement du Second Empire, en 1855, que Sari fut nommé directeur des *Délassements-Comiques*. Nous nous étions rencontrés, Sari et moi, au ministère d'État. J'étais attaché au secrétariat général, et Sari au service des théâtres, placé sous la direction de Camille Doucet. Sari était le fils d'un personnage historique ; son père, un brave marin du premier Empire — nous l'appelions le *vieux guerrier* — était second à bord du brick *l'Inconstant* qui avait, en 1815, ramené Napoléon de l'île d'Elbe au golfe Juan.

Léon Sari était un être charmant. Bon, spirituel, d'esprit original et inventif, de cœur généreux, la main toujours ouverte — trop ouverte — car il est mort pauvre, après avoir brassé des millions.

Sari n'avait qu'une ambition : devenir directeur de théâtre. C'était au temps des privilèges ; le ministre d'État — alors M. Achille Fould — gouvernait souverainement les scènes parisiennes, grandes et petites : il nommait le directeur de l'Opéra et le directeur de Bobino. Deux théâtres devinrent vacants en 1855 : l'Odéon et les Délassements-Comiques.

Sari demanda l'Odéon ; les Tuileries naturellement s'intéressaient au fils de l'officier de *l'Inconstant*, mais Camille Doucet, dans sa prudence, pensa que Sari troublerait la solennité classique de l'Odéon, et c'était bien son intention. On offrit seulement les *Délassements-Comiques* à Sari ; il accepta et, en un tour de main, fit de cet obscur petit théâtre une des scènes les plus brillantes et les plus bruyantes de Paris.

Les *Délassements-Comiques* devinrent immédiatement un théâtre à la mode : ses premières représentations étaient des événements parisiens ; on y voyait les deux Dumas, Henry Murger, Edmond About, Meilhac, Roqueplan, Barrière, Lambert Thiboust, Aurélien Scholl, Gustave Claudin, Xavier Aubryet, etc., etc.

Sari, avec infiniment de goût et d'élégance, montait de petites féeries, des revues de fin d'année ; il avait une troupe sérieuse et solide d'une dizaine de comédiens et comédiennes, qui savaient leur métier... et qui étaient escortés d'un escadron de jeunes et jolies filles, dont le grand mérite était de n'avoir jamais paru sur aucun théâtre... Elles jouaient et chantaient au petit bonheur... Cela était délicieux quelquefois... et quelquefois aussi détestable, mais toujours amusant. Aussi quelles scènes extraordinaires dans cette petite salle : on applaudissait, sifflait, trépignait, riait, criait, hurlait, vociférait; on faisait baisser la toile, on la faisait relever... C'étaient des dialogues fantastiques entre les petites actrices et les petits gandins de l'orchestre... des bourrasques de colère et des ouragans de rire... *Assez!... assez!... elle chante trop faux!... Non... non... bravo!... bravo!... continuez!... Non!... au rideau!... au rideau!...* et l'orchestre de s'arrêter. Souvent les pauvres petites, ahuries, éperdues, affolées, avaient en scène des crises de larmes, des attaques de nerfs, se sauvaient dans les coulisses... Mais souvent d'autres, plus crânes, tenaient tête au public, criaient au chef d'orchestre : *Reprenez... Reprenez... Je veux continuer...* et l'orchestre reprenait... Les cris alors redoublaient... On rehurlait et retrépignait de plus belle... On cassait les banquettes... Le commissaire de police souvent intervenait et faisait évacuer les avant-scènes qui donnaient toujours le signal des insurrections. Ces vacarmes étaient la joie de la salle et la fortune du théâtre.

Un soir, Edmond About et moi, nous avons conduit Gustave Flaubert aux *Délassements*. Il n'y était jamais entré, bien que demeurant là, tout près, boulevard du Temple. Nous fûmes servis à souhait. Le tapage fut effroyable. En entrant, nous entendons des applaudissements forcenés. Une débutante était en scène, jolie, gaie, drôlette; elle chantait un rondeau d'une voix si audacieuse et si fausse que le public transporté le lui faisait sans cesse recommencer... Elle dut le dire trois fois, quatre fois... A la fin... glorieuse, mais épuisée, elle demanda grâce : on lui aurait fait chanter son rondeau pendant toute la nuit. Flaubert était enthousiasmé : « C'est admirable, disait-il, je n'ai jamais entendu tant applaudir et chanter si faux », et il criait : *Bis! bis!* avec toute la salle.

(Coll. de M. L. Halévy.)
RIGOLBOCHE.

Les pièces des *Délassements* atteignaient presque toujours leur centième représentation, mais le début de Rigolboche fut le grand événement de la direction Sari. Rigolboche était une artiste, une véritable artiste, une grande danseuse. On n'a jamais su pourquoi et comment elle s'appela Rigolboche ;

son nom était Marguerite Badel. Elle débuta, en 1858, dans une très amusante pièce intitulée : *Folichons et Folichonnettes*, de MM. Arthur et Paul Delavigne, et qui ne ressemblait aucunement au *Don Juan d'Autriche* de leur oncle Casimir Delavigne. Rigolboche eut un succès fou... Elle était absolument le débardeur de Gavarni : petite blouse de soie flottante, chapeau gris bossué et défoncé... Sa danse était la chose du monde la plus audacieuse et la plus fantaisiste. C'était bien le cancan, mais non le cancan brutal et violent des bals de barrière... « Quand je danse, disait-elle, je me sens inspirée ; mes bras ont le vertige, mes jambes deviennent folles. » C'était, d'ailleurs, une femme très intelligente. Elle avait une grande admiration pour Louis Veuillot. Elle disait sans cesse à Gustave Claudin qui connaissait Veuillot : « Amenez-le-moi donc un de ces soirs », mais cela ne put s'arranger. Louis Veuillot n'est jamais venu aux *Délassements-Comiques*.

Ernest Blum, qui a donné au théâtre de Sari de très charmantes pièces, a raconté dans un très spirituel petit volume l'histoire des *Délassements-Comiques*. Il cite une lettre exquise d'une des petites pensionnaires de Sari. Elle entra un soir au foyer des artistes, indignée... Un Monsieur, dont elle ne connaissait pas le nom, l'avait invitée sans façon à souper, pour le soir même à minuit. « Mais écoutez, dit-elle, écoutez ce que je lui ai répondu », et alors, avec un légitime orgueil, elle lut à haute voix la lettre suivante :

« *Monsieur, vous voulez me faire souper et m'entretenir. Cela n'est pas possible, car, en ce moment, je suis l'une et l'autre.* »

Je ne trouverai jamais, cher ami, un meilleur mot de la fin.

Bien affectueusement,

Ludovic HALÉVY. »

Et voilà en quelques pages délicieuses, pleines de gaîté, de charme et d'évocation, remis en pleine lumière, cet amusant théâtre des « Délass' Com » — c'est ainsi qu'on l'appelait familièrement — mais je doute que jamais, l'on ne dépensa sur cette petite scène autant d'esprit que n'en prodigue notre cher maître Ludovic Halévy, en nous contant la plaisante histoire de ce « bouiboui » parisien.

VUE DU THÉATRE DE L'AMBIGU-
COMIQUE
Boulevard du Temple.

L'Ambigu-Comique, malgré son titre plein de gaité, fût de tout temps le théâtre où les larmes tombèrent le plus volontiers des yeux de spectateurs attendris. A l'Ambigu-Comique se jouèrent les mélodrames terrifiants, les drames ruisselants de sang, pleins de coups de couteau, d'enfants volés, d'orphelines persécutées ! — Ce fut le troisième théâtre installé boulevard du Temple : il fut fondé le 9 juillet 1769 par Audinot, qui, après avoir conquis ses premiers lauriers aux foires Saint-Germain et Saint-Laurent, où il dirigeait un « théâtre de Bamboches », obtint l'autorisation de mêler de jeunes enfants à ses marionnettes de bois. La faveur publique se porta immédiatement vers cette nouvelle entreprise : « Les amateurs, disent les *Mémoires de Bachaumont* à l'année 1771, sont enchantés de voir la foule aller à l'Ambigu-Comique, pour applaudir une troupe d'enfants qui y fait fureur. » En 1772, le même Bachaumont écrit : « Mme du Barry, qui cherchait tous les moyens de distraire le roi que l'ennui gagnait aisément, avait imaginé de faire venir Audinot jouer à Choisy avec ses petits enfants... Mme du Barry s'amusait énormément et riait à gorge déployée : — le roi souriait quelquefois. »

Après avoir jalousé le théâtre des Grands-Danseurs, l'Opéra prit ombrage de l'Ambigu-Comique et voulut lui faire interdire les chants et les danses. On transigea, et Audinot dut payer à l'Académie royale de Musique un tribut annuel de 12.000 livres; l'importance de cette somme indique la prospérité de l'Ambigu !

En effet, ce théâtre attirait le public, mais c'étaient surtout les mélodrames et les pantomimes à grand spectacle qui plaisaient : *les Quatre Fils Aymon, la Forêt Noire, le Capitaine Cook, le Masque de Fer*, voici quelques-uns des titres des pièces à succès. Les *Mémoires secrets* de 1779 racontent que « l'*Ambigu-Comique* a attiré beaucoup de monde avec *les Quatre Fils Aymon*, spectacle à machines... Tous les *gens de guerre* ont applaudi ce qui concerne leur partie. Cette représentation, où tout retrace les mœurs de l'ancienne Chevalerie, ne pouvait que plaire infini-

(Lithographié par Boilly, d'après son tableau.)

LA QUEUE A L'AMBIGU.

ment, et certaines situations ont attendri jusqu'aux larmes beaucoup de spectateurs assez froids naturellement. »

Audinot n'hésita pas à aller de l'avant et s'offrit une salle neuve, dont Célerier fut l'architecte. « C'est, dit l'*Almanach des Spectacles* de 1791, une des plus belles et des plus vastes du royaume; l'intérieur est construit dans le goût gothique. La société y est mieux composée que dans la plupart des spectacles du boulevard. »

Chose bizarre, le public tout d'abord sembla bouder Audinot, et les recettes de la nouvelle salle n'égalaient pas les recettes de l'ancienne. Il dut passer la main, et Corsse, auteur et acteur, prit la direction de l'Ambigu. Une farce d'Aude eut enfin le succès si longtemps attendu: *Mme Angot au sérail de Constantinople* triompha pendant deux cents représentations; puis les drames sombres se succédèrent: *la Forêt d'Hermanstadt*, *les Francs-Juges*, *Hariadan Barberousse*, *la Femme à deux maris*, *Calas*, etc., etc. Ce Aude était un type étrange, bohème et ivrogne; il entend, un jour qu'il fêtait la dive bouteille dans un cabaret de barrière, des cris déchirants : c'était un chiffonnier qui battait sa femme.

— Quelle est cette femme que tu roues de coups?

— La mienne, et c'est mon droit de la battre, puisqu'elle est à moi.

— Rien de plus juste, aussi je te l'achète... Combien en veux-tu?

— Vingt francs!

— Les voici... Le chiffonnier empocha et disparut. L'histoire est vraie — paraît-il — et elle est d'au-

L'Auberge des Adrets!!!...
1re Bataille livrée
au Mélo-Drame-Rococo!
Juillet 1823.   Frédérick

(Collection P. Gaillard.)

tant plus étonnante qu'elle prouve que, ce jour-là, Aude possédait vingt francs.

Corsse mourut en 1816. Audinot fils lui succéda, ayant comme associés Franconi et Senepart. Ce fut sous cette direction que fut donnée *L'Au-*

VUE DE L'AMBIGU COMIQUE (Lallemand del.)

berge des Adrets, un drame sinistre que la fantaisie géniale de Frédérick Lemaître tourna au comique. Les auteurs n'avaient conçu primitivement d'autre dessein que de faire verser des pleurs sur les infortunes de Mme Macaire et les malheurs du vertueux Germeuil traîtreusement assassiné « en culotte beurre frais ». — Robert Macaire n'était primitivement qu'un brigand vulgaire.

Frédérick en fit une figure shakespearienne. C'était à la fois un échappé du bagne, un bandit dilettante, un assassin phraseur, un gredin talon rouge et un cynique bonisseur, « un filousophe », disait plus tard Victor Hugo en parlant de Thénardier, ce descendant de Robert Macaire. Le costume dont Frédérick avait revêtu son immortelle création était lui-même un poème : un chapeau gris en accordéon, un cache-nez en laine lie de vin cachant l'absence de chemise; un gilet sans couleur, élimé, rapiécé, retenu par des capsules de boutons; un habit vert à basques longues, d'où sortait un amas de loques qui faisait figure de foulard; un pantalon de soldat de drap rouge et qui fut autrefois à « charivari », usé jusqu'à la trame, constellé de pièces et de morceaux, étoilé de couleurs disparates; des bas blancs, et aux pieds — trouvaille inouïe — de vieux escarpins de femme maintenus par des ficelles; un gourdin redoutable dans la main gantée d'un reste de gant jadis blanc. Un emplâtre noir sur l'œil et un monocle d'incroyable flottant au bout d'un ruban, complétaient cette extraordinaire silhouette.

Dans l'ombre de ce gredin se mouvait son complice, Bertrand, la doublure de Robert Macaire, une figure bizarre et féroce, un corps très maigre, flottant dans un habit très gras auquel on avait cousu d'immenses basques que dépassaient des poches grises gonflées comme des outres; les jambes étiques se perdaient dans des bottes éculées; le cou long et décharné supportait une figure livide, au crâne tondu, qu'ombrageait un tuyau de feutre noir au fond mouvant, sans bords, presque sans feutre. C'était l'image du vice, de la peur, du crime lâche et poltron, s'appuyant sur un parapluie éventré, effiloqué, ruiné. L'acteur Firmin complétait — et c'est un bel éloge — l'admirable Frédérick Lemaître. Ces succès et quelques autres permettaient à l'Ambigu de soutenir la redoutable concurrence de la Gaîté, lorsque le même sinistre vint s'abattre sur l'Ambigu. Comme la Gaîté, comme tant d'autres théâtres, il disparut, le 13 juillet 1827, dans un terrible incendie, qui coûta la vie à plusieurs personnes.

Dans ses *Chroniques des petits Théâtres de Paris*[1], qui sont pour l'histoire du boulevard du Temple le plus précieux, le plus indispensable des guides, Brazier montre par maints exemples de quelle liberté jouissaient sous l'ancien régime ces petites scènes; on leur tolérait même l'extrême licence ; l'essentiel pour elles était de ne jamais empiéter sur les privilèges des théâtres royaux ; « ce que l'on voulait, c'était que leurs ouvrages ne ressemblassent en rien à une œuvre dramatique, qu'ils n'eussent ni plan, ni conduite, ni style... Quant à la morale, on s'en riait. Périssent les mœurs plutôt qu'un principe dramatique ! »

1. Brazier, *Chroniques des petits Théâtres de Paris*. Paris, Allardin, 1837.

En 1777, le boulevard du Temple se transforme quelque peu : les visiteurs y affluent, des maisons neuves s'y élèvent; bref, devant les exigences de la population, en même temps que l'on reculait l'enceinte de Paris, on décide que les boulevards Saint-Antoine et du Temple seront pavés, que les

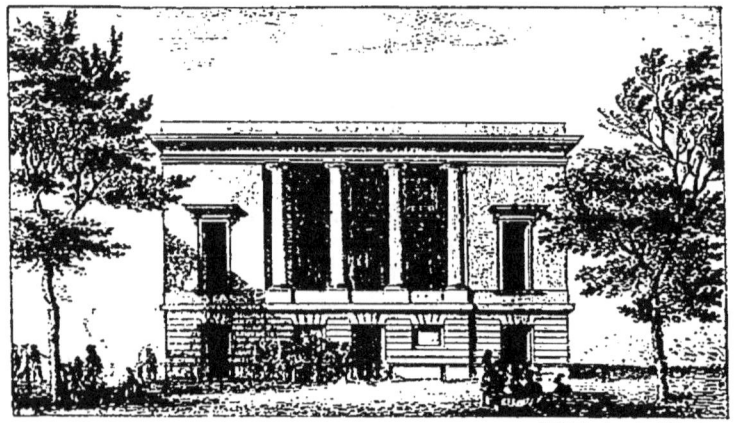

(Biblioth. de l'Opéra.)
THÉÂTRE DES JEUNES ÉLÈVES.

fossés, glacis et contrescarpes seront détruits et comblés, que les rues du Faubourg-du-Temple et d'Angoulême seront ouvertes. — En 1779, un sieur Tessier, voulant utiliser les élèves du Conservatoire de l'Académie de Musique, fit construire une petite salle de spectacle sur le boulevard, vis-à-vis la rue Charlot. Quatre-vingts élèves, garçons et filles, en étaient les acteurs et les actrices. *La Jérusalem délivrée*, grande pantomime à spectacle, fut jouée pour l'ouverture et attira beaucoup de monde. Ce fut le *Théâtre des Élèves pour la danse de l'Opéra*.

Le nommé Parisau, guillotiné en 1793, devint ensuite le directeur de ce théâtre, qui périclita et qu'une ordonnance royale fit fermer en septembre 1780.

Il reparut pendant la Révolution, et, lorsque les *Variétés-Amusantes* devinrent *Théâtre-Français*, c'est-à-dire lorsque Lécluze, — le directeur qui, après avoir été dentiste, avait joué les pitres à la foire Saint-Germain, — quittant la rue de Bondy vers 1785, s'installa au Palais-Royal. Le titre fut repris par le *Théâtre des Jeunes Élèves*, — et « le nommé Lazari, écrit Bachaumont dans ses *Mémoires*, un mime italien qui s'était fait une grande réputation d'esprit, de talent et de légèreté dans les Arlequins, en devint le directeur ». Ce petit théâtre devait disparaître en 1798. Le 31 mai, un incendie le dévora, causé par la pluie de feu qui accompagnait le dernier acte du *Festin de Pierre*. Lazari, ruiné par le sinistre, se brûla la cervelle.

Le *théâtre des Variétés-Amusantes*, fut fondé par Lécluze à l'angle de la rue de Bondy et de la rue de Lancry.

Après avoir fait faillite en 1779, Lécluze prit des arrangements avec ses créanciers, et c'est alors que la Fortune daigna sourire à sa baraque crapuleuse.

Dans les *Mémoires secrets* on peut lire, à la date

du 13 juillet 1779, cette note sur les Variétés-Amusantes :

« La troupe du sieur Lécluze est devenue à la mode ; c'est la fureur du moment. Malgré les grossièretés dont ce théâtre est infecté, les femmes les plus qualifiées, les plus sages, en raffolent ; les graves magistrats, les évêques y vont en loges grillées ; les ministres y sont allés, le comte de Maurepas en tête. Un acteur surtout, faisant les *niais*, du nom de *Volange*, y est singulièrement admiré. »

Et le 23 septembre :

« La reine et la famille royale ne pouvant décemment aller chez Lécluze pour voir *les Battus payent l'amende*, la troupe entière est venue donner une représentation à Versailles, chez Mlle Montansier. »

Mais les frais étaient trop considérables et Lécluze fut mis en faillite. Ses successeurs luttèrent de leur mieux contre la mauvaise fortune, puis finirent par traiter avec le Duc d'Orléans et transportèrent leur entreprise théâtrale au Palais-Royal en 1785.

LE BOULEVARD DU TEMPLE VERS 1830.

Les cafés du boulevard du Temple. — Frédérick Lemaître débute aux Variétés-Amusantes. — Le Panorama-Dramatique. — Théâtre du Cirque. — Astley. — Franconi. — Frédérick Lemaître au Cirque. — Le théâtre des Troubadours. — Le mouvement dramatique en 1830. — L'Épopée napoléonienne. — L'attentat de Fieschi. — Ce que l'on jouait à Paris le 28 juillet 1835. — Le Cirque Olympique. — Mac-Moc et le café des *Pieds-Humides*.

C'est 1830 qui marqua l'apogée du boulevard du Temple, et c'est à cette date que nous referons à nouveau la nomenclature de tous ses théâtres ; mais, avant de terminer l'étude des années antérieures, il convient d'indiquer les cafés, les cabarets, les concerts en plein air, les divertissements de toutes sortes, les types bizarres qui s'étaient groupés autour de ces nombreux théâtres et qui bénéficiaient de l'attrait qu'exerçait sur Paris, toujours amoureux de spectacles, de parades, de boniments, de gaîté, cette réunion d'attractions.

En 1816, il y avait le *Café Yon*, au coin de la rue d'Angoulême — tout près de la maison où Fieschi devait placer sa machine infernale — où chantait Déduit (chansonnier national); le *Théâtre du Lycée dramatique*, appelé aussi le *Théâtre des Pantagoniens*, où trônait le père Rousseau, le roi des paillasses; le *Théâtre du Waux-Hall*, et le *Théâtre du Café Godet*, situé entre le *Théâtre des Associés* et le *Théâtre Lazzari*, qui, après avoir été un spectacle de chiens savants, reprenait le titre abandonné de *Variétés-Amusantes* et devenait théâtre d'acrobates et de pantomimes.

C'est aux *Variétés-Amusantes* — seconde manière — que débuta le grand, l'illustre Frédérick Lemaître, nous apprend M. Henry Lecomte dans les deux volumes si documentés, si précieux pour l'histoire du théâtre, qu'il a consacrés au plus grand acteur du xixe siècle[1]. En 1809, son père, M. Lemaître, architecte et conservateur du théâtre du Havre,

---

1. *Frédérick Lemaître*, par H. Lecomte, 10, rue du Dôme, Paris.

fit une chute et mourut en quelques semaines. Sa veuve se retira à Paris. Le jeune Prosper Lemaitre, qui avait vu à Rouen des comédiens, s'était pris de passion pour l'art dramatique ; il résolut de se faire acteur, et la plus infime scène de Paris lui sembla la meilleure pour commencer. — C'est aux *Variétés-Amusantes* — le théâtre de Bobêche —

(Bibl. de l'Opéra.)

qu'il se présenta. Le directeur Lazzari, séduit par son admirable physique — c'était en 1816, et Frédérick avait seize ans, — lui fit le meilleur accueil.

— « Vous voulez devenir mon pensionnaire, c'est parfait ; vous débuterez après-demain...

— « Mais mon rôle ?...

— « Ne sera pas long à apprendre ; criez un peu

pour voir? » Frédérick poussa un hurlement qui fit trembler les vitres.

— « Bravo! bravo! vous ferez un lion magnifique.

— « Comment, un lion? Je vais donc commencer par...

— « Par rugir, oui, mon jeune ami. »

Et Frédérick remplit la peau du lion apparaissant dans *Pyrame et Thisbé*, une pantomime babylonienne! — Après ce début à quatre pattes, Frédérick tint plusieurs rôles aux *Variétés-Amusantes*: on le vit dans *le Prince Ramoneur* et dans *le Grand Juge*; puis M. Bertrand, directeur des Funambules, l'engagea aux appointements flatteurs de 15 francs par semaine.

C'est alors que Prosper Lemaître — il s'appelait simplement Prosper aux Variétés-Amusantes — prit le nom de *M. Frédérick*.

Citons encore parmi les petits théâtres qui charmaient la foule des badauds vers 1822 le *Théâtre du Panorama-Dramatique*, qui n'eut qu'une existence éphémère et qui comptait cependant dans sa troupe quelques excellents acteurs : Serres qui devait plus tard jouer Bertrand, le séide de Robert Macaire, avec infiniment de succès ; Francisque aîné et Saint-Ernest, deux futures gloires de l'Ambigu; et surtout Bouffé, qui devait faire au Gymnase une si belle carrière. Ouvert le 14 avril 1821, le Théâtre du Panorama-Dramatique dut fermer ses portes le 21 juillet 1823.

Vers 1786, un Anglais nommé Astley avait fondé dans le faubourg du Temple un spectacle équestre sous le nom d'*Amphithéâtre Anglais*. La reproduction d'une de ses affiches (page 47) dira mieux

(Collect. E. Detaille.)

CIRQUE FRANCONI.

que toute la nature de ses spectacles; plus tard, les exercices sont modifiés et d'autres attractions annoncées au public, par exemple le 1ᵉʳ août 1787 : « dimanche, jour des Rameaux, la septième division des exercices annoncés commencera par *le Cochon savant* et se terminera par les exercices des chiens avec *le Château assiégé* et plusieurs tours différents et surprenants, particulièrement *le Pont équestre*, sur lequel la troupe royale fera plusieurs sauts. »

« N. B. Le pont est porté par huit chevaux dressés exprès par le sieur Astley père. »

Pendant la Révolution, Astley céda son exploitation à Franconi, qui fit fortune et perfectionna encore les exercices si amusants importés par Astley. L'Amphithéâtre Anglais prit le nom de *Cirque Olympique*, et Franconi passa au *Jardin des Capucines*, mais finalement revint au faubourg du Temple dans une salle réparée et agrandie. Tout marchait au mieux, et le Cirque Olympique était à la mode : des ours savants, d'aimables pachydermes, des lions, des tigres, des panthères ajoutaient à l'éclat du spectacle. Les gravures de l'époque célèbrent les exploits de « *l'Incomparable cerf du Nord nommé Azor ou Nouvelle Ascension qui n'a jamais existé comparée à celles de nos plus fameux danseurs de corde : dernier chef-d'œuvre de M. Franconi père, lequel lui a coûté deux ans et demi de travail*, etc., « *Vide et crede* »; ou représentent « *le Cerf Coco franchissant huit hommes et quatre chevaux, M. Franconi tirant deux coups de pistolet entre les bois du cerf Coco, les serins tenant conseil de guerre, l'éléphant jouant de la vielle ou en équilibre sur un fort disque de bois.* »

Franconi avait même fait annexer à sa piste une petite salle de théâtre où se jouait la pantomime. En 1807, tout Paris vient y applaudir *la Lanterne* de *Diogène;* le vieux philosophe cynique finissait,

contrairement à la légende, par découvrir un homme... Napoléon !

C'est au Cirque que se placent les véritables débuts du grand Frédérick Lemaître, qui, après avoir joué les « quadrupèdes » aux Variétés-Amusantes, et les « traîtres » aux Funambules, fut, en 1817,

L'incomparable Cerf du Nord nommé Azor.

engagé par Franconi aux appointements de 80 francs par mois, en même temps que Michelot, professeur au Conservatoire et artiste du Théâtre-Français, le prenait comme élève dans sa classe de tragédie. Dans l'ouvrage de M. Henry Lecomte nous trouvons l'énumération et le résumé des « pantomimes dialoguées » qu'il eut à interpréter : *Othello, la Mort de Kléber, le Soldat laboureur, Poniatowski*, etc. ;

on l'y applaudit jusqu'en 1820, époque à laquelle Frédérick Lemaitre fut admis à l'Odéon. Franconi se contenta de répondre à son jeune pensionnaire, qui, tout joyeux, venait lui annoncer son engagement :

CIRQUE FRANCONI. (Collect. E. Detaille.)

— « Les théâtres populaires ont du bon ; peut-être, mon cher Fred, serez-vous heureux d'y revenir un jour. »

Franconi était un sage, qui continuait à diriger heureusement son théâtre quand, le 16 mars 1826, après une représentation de *l'Incendie de Salins*, le feu dévora l'établissement. C'est alors qu'il décida de reconstruire le Cirque-Olympique sur le boulevard même, près de l'Ambigu.

Ce nouveau théâtre, de vastes dimensions, s'éleva sur les terrains occupés jusqu'alors par le *Théâtre de la Malaga*, les *Ombres-Chinoises* d'Hurpie et le *Théâtre des Nouveaux-Troubadours*, où l'on jouait la comédie et surtout la tragédie.

Ce théâtre obtint même, un jour, un succès qui, depuis, ne s'est, je crois, jamais renouvelé. C'était le 12 messidor an VIII : on jouait *la Nouvelle inattendue, ou la Reprise de l'Italie*. Le public avait trépigné d'enthousiasme et acclamait encore la comédie patriotique qui s'achevait ; soudain paraît Cambacérès, le Second Consul ; les spectateurs en masse réclamèrent et exigèrent que l'on recommençât la pièce, qui fut jouée deux fois dans la même soirée ; les bravos furent encore plus nourris la seconde fois que la première, et Desaix mourant dut « bisser » ses dernières paroles : « Allez dire au Premier Consul que je meurs avec le regret de n'avoir pas fait assez pour la Postérité ! »

Les théâtres s'étaient solidarisés avec le Cirque-Olympique ; des représentations à bénéfice avaient été données ; le Roi, la famille royale, la cour, les ministres, le préfet de la Seine avaient souscrit des sommes importantes qui permirent de mener à bien les travaux de reconstruction, et, le 31 mars 1827, le Cirque fut de nouveau ouvert au public : une pièce en trois actes, *le Palais, la Guinguette et le*

LE BOULEVARD DU TEMPLE

L'Attaque du Convoi

CIRQUE-OLYMPIQUE (1828).

(Collect. E. Detaille.)

Champ de bataille, résumait par son triple titre le genre héroïque, populaire et militaire auquel comptait se vouer cette nouvelle scène.

La Révolution de 1830 modifia totalement le goût public au théâtre. Il semblerait que l'ancienne esthétique dramatique ait disparu avec l'ancien régime.

(A. Testard del.)

LE THÉATRE DU CIRQUE-OLYMPIQUE.

Les Népomucène Lemercier, les Arnault, les Andrieux, les Monvel et les fournisseurs patentés des dernières années; les mélodrames effarants, les vaudevilles douceâtres, les tyrans féroces, les orphelines persécutées, les enfants au berceau, les colonels de trente ans, les muets, les idiots, les bergères des Alpes, les brigands vertueux, les hommes masqués, les souterrains ruisselant d'or, les Palais de Venise, furent en partie délaissés.

LE BOULEVARD DU TEMPLE

LE BOULEVARD DU CRIME.
(Eau forte de Martial.)

Des auteurs nouveaux surgissaient qui, avec une autorité incontestée, prirent résolument possession du théâtre : Victor Hugo, Dumas, Casimir Delavigne, A. de Vigny, Fr. Soulié, Balzac, Bouchardy, puis plus tard Paul Meurice, George Sand, Dennery, V. Séjour, Bayard, Duvert, Lauzanne y apportèrent la flamme, la vie, la passion, l'observation, l'esprit et le culte de la forme littéraire... C'est par eux que le boulevard du Temple connut les plus belles heures de ses triomphes ; ce fut la période héroïque du Drame romantique.

En même temps refleurissait l'épopée napoléonienne, et partout l'on ressuscita le Grand Homme. A la Gaîté, à l'Ambigu, chez Franconi, comme à l'Odéon, à l'Opéra-Comique, à la Porte-Saint-Martin, aux Variétés et au Palais-Royal, c'est Bonaparte ou c'est Napoléon. Déjazet chante Bonaparte à Brienne, Frédérick Lemaître est empereur à l'Odéon ; Cazot, empereur aux Variétés ; Génot, empereur à l'Opéra-Comique ; Edmond, empereur chez Franconi ; Gobert, empereur à la Porte-Saint-Martin. Gobert, Edmond, Cazot et Prudent qui doublait Gobert, ressemblaient, paraît-il, étonnamment au vainqueur d'Austerlitz ; tous ceux qui avaient connu l'Empereur, tous les vieux braves qui avaient servi sous ses ordres, tous les bourgeois qui avaient pu contempler son profil de médaille, tressaillaient en revoyant Gobert,

PRUDENT
Rôle de Napoléon dans Schœnbrunn et S.ᵗᵉ Hélène

Cazot, Edmond et Prudent; ces bons acteurs, d'ailleurs, avaient été les premiers à se prendre au sérieux.

Gobert parcourait gravement le boulevard, le sourcil crispé, les mains derrière le dos, le chapeau en bataille; Edmond lissait sa mèche et prenait noblement son tabac dans la poche doublée de cuir de son gilet; Cazot pinçait solennellement l'oreille du costumier quand sa culotte de casimir blanc allait bien : « Soldat, je suis content de vous! » Pour habiller avec exactitude le *Napoléon* de l'*Ambigu-Comique*, Gosse, le peintre, obtint de Marchand, l'ancien valet de chambre de l'Empereur, l'autorisation de dessiner d'après nature le chapeau et la célèbre redingote grise de la légende!

Consultons le *Courrier des Théâtres* à la date du 20 octobre 1830. Nous serons édifiés sur la place inouïe que tient Napoléon au Théâtre: *Vaudeville*: « Bonaparte, lieutenant d'artillerie », comédie-vaudeville en deux actes; — *Variétés* : « Napoléon à Berlin ou la Redingote grise » (Cazot), comédie historique en un acte; — *Nouveautés* : « L'Écolier de Brienne ou le Petit Caporal » (Déjazet); — *Ambigu* : « Napoléon », mélodrame en trois parties, mêlé de chants et suivi d'un épilogue; — *Théâtre de la Porte-Saint-Martin* : « Napoléon »; — *Cirque Olympique* : « Passage du mont Saint-Bernard », gloire militaire en sept tableaux !

Il nous a été donné de connaître un vieux modèle

pour peintres, survivant de cette époque légendaire : il s'appelait Briand et avait joué les petits rôles au Cirque vers 1835 ; il se souvenait encore de quelles éclatantes manifestations étaient accueillis Napoléon et aussi ceux qui l'entouraient : « Pour moi, contait-il, j'étais du dernier acte... « Sainte-Hélène », et j'avais à remplir le rôle ingrat, j'ose le dire, d'Hudson Lowe. Vous n'avez aucune idée, Messieurs, des injures que l'on me prodiguait ; mais un véritable artiste doit savoir traduire tous les sentiments, je voulais inspirer de la haine... Je l'inspirais, à ce point, — et je considère le fait, regrettable en lui-même, comme l'honneur de ma carrière dramatique, — à ce point, dis-je, qu'un soir le public m'attendit à la sortie du théâtre, se saisit de moi et me jeta dans le bassin du Château-d'Eau aux cris de : « Vive l'Empereur ! » Il faisait grand froid, je faillis en mourir ; mais n'importe ! j'étais fier de moi ! j'avais incarné mon personnage ! »

Après avoir transformé, rajeuni, modifié leur répertoire, les théâtres du boulevard du Temple se rajeunirent, se modifièrent, se transformèrent eux-mêmes matériellement : les pavés qui bordaient leurs abords étaient remplacés par des dalles, des barrières de bois permettaient aux spectateurs de faire, sans cohue, la queue à la porte avant l'ouverture des bureaux, c'est-à-dire avant cinq heures du soir, les spectacles commençant à six heures ; des auvents les préservaient de la pluie ; les masures qui avoisinaient toutes les salles de spectacle disparaissaient; les débits de vin, les bibines, les boutiques en plein vent étaient remplacés par de belles maisons, d'élégants cafés; des restaurants de choix, le *Cadran-Bleu*, *Bonvalet*, s'étaient groupés autour du Jardin Turc qui continuait à être un des rendez-vous de la « fashion »; les marchandes d'oranges étaient installées sur de commodes éventaires, préservées, par un vaste parapluie rouge, du soleil, le jour, et de la pluie, la nuit; les marchands de coco, le tricorne sur la tête, portaient leurs élégantes fontaines surmontées de génies dorés, ou de lions ailés et agitaient gaiement leurs clochettes : « A la fraiche! qui veut boire? » Les marchands de marrons promenaient leur marchandise : « Chauds, chauds les marrons de Lyon! » Et les débitantes de chaussons aux pommes et de gâteaux de Nanterre circulaient, lestes et provocantes, autour des portes des théâtres; on offrait des « contremarques moins chères qu'au bureau »; on vendait des programmes, des biographies d'acteurs, des recueils de calembours; des cercles se formaient autour de chanteurs en plein vent; les marchands d'amadou et de briquets phosphoriques criaient leur marchandise; et tout un monde affairé : acteurs, figurants, machinistes, danseuses, femmes de théâtre, habilleuses, claqueurs, saltimbanques et filous, jolies filles et bons bourgeois, circulait sur ce gai boulevard amusant, spirituel, frondeur, terrible, bruyant, débordant de vie, d'activité, de mouvement.

En 1835, ce joyeux boulevard fut ensanglanté par un crime horrible. C'était le 28 juillet, cinquième anniversaire de la révolution qui avait élevé Louis-Philippe au trône : le roi, entouré de ses fils et d'un nombreux état-major, passait en revue la garde nationale et toute la garnison de Paris, échelonnées le long des boulevards. La huitième légion de la garde nationale occupait le boulevard du Temple devant la façade du Café Turc, dont la terrasse était littéralement remplie de femmes élégantes, de joyeux consommateurs, de bons badauds ; des familles entières étaient massées sur les trottoirs. Pépin, le complice de Fieschi, avait même pris l'horrible précaution de faire promener aux entours du Café Turc sa petite fille, dont la présence seule devait écarter tous les soupçons qui auraient pu peser sur lui. Les tambours battaient aux champs, — le roi arrivait. — Soudain, d'une misérable maison portant le numéro 50, voisine de l'*Estaminet des Mille Colonnes* et faisant face au Jardin Turc, partit une effroyable volée de mitraille. — C'était là en effet que, derrière la jalousie baissée d'une fenêtre située au troisième étage, au-dessus de l'annonce du *Journal des Connaissances utiles*, 4 *francs par an*, Fieschi avait installé les 25 canons de fusils bourrés de balles qui constituaient sa « machine infernale » ; une rigole pleine de poudre reliait les 25 lumières. L'épicier Morey, qui avait aidé à préparer cet effroyable engin de meurtre, avait même pris l'utile précaution d'avarier quatre des canons de fusils dont l'éclatement devait supprimer Fieschi lui-même. Pépin, autre complice, avait passé et repassé plusieurs fois à cheval et au petit pas devant la fatale fenêtre, et Fieschi, excellent tireur corse, avait pu tout à son aise viser et mettre au point exact la mire de son effrayant instrument de mort. Ce fut une affreuse tuerie, la volée de balles renversant femmes, enfants, spectateurs, état-major, officiers, soldats, escorte, effleura seulement le chapeau à cornes que portait le roi dont le cheval reçoit une chevrotine dans le cou; les chevaux du duc de Nemours et du prince de Joinville sont blessés l'un au jarret, l'autre au flanc. Le boulevard ruisselait de sang. Le maréchal Mortier tombe frappé à mort; le général Lachasse, le colonel Raffé, le lieutenant-colonel Rieussec, dix officiers, vingt soldats expirent au milieu des chevaux éventrés et des innombrables blessés que l'on emporte au Café Turc transformé en ambulance. Fieschi, blessé, fut arrêté dans l'arrière-cour d'une maison voisine, au moment où il tentait de s'enfuir par la rue Basse; le 19 février 1836, il montait à l'échafaud avec ses complices Pépin et Morey.

Il est curieux pour l'histoire du théâtre de noter le programme des spectacles parisiens à cette date. Le 28 juillet 1835, jour de l'attentat: *Opéra :* relâche; — *Théâtre-Français :* le Consentement forcé; les

Deux Frères; — *Opéra-Comique :* Fra Diavolo; Alda; — *Vaudeville :* Elle est folle; Mon bonnet de nuit; Arwed; — *Palais-Royal :* Prova; Est-ce un rêve? — *Variétés :* Ma femme et mon parapluie; l'Uniforme; les Danseuses à l'École; — *Folies-Dramatiques :* l'Heure du rendez-vous; — *Ambigu :* Ango; — *Cirque-Olympique :* la Traite des noirs; — *Théâtre Comte :* la Maison isolée; Mille écus; — *Diorama :* Messe de minuit; Forêt Noire; Bassin de Gand (prix : 2 fr. 50); — *Panorama d'Alger* (40, rue des Marais) (prix : 2 fr. 50); — *Champs-Elysées :* concert tous les soirs (1 fr.); — *Jardin Turc :* concert tous les soirs, sous la direction de M. Tolbecque.

Un détail étrange : *le Charivari* du dimanche (le jour même de l'attentat) publiait cette note : *Carillons :* « Hier, le Roi citoyen est venu de Neuilly à Paris, avec sa superbe famille, sans être aucunement assassiné sur la route », — et l'illustration qui accompagne ce numéro représente le portrait de Mlle de Morel, l'héroïne énigmatique du procès La Roncière!

En 1827, avons-nous raconté précédemment, le Cirque-Olympique, reconstruit après l'incendie de 1826, avait rouvert ses portes. Il jouait des pièces populaires et militaires.

L'énumération de quelques titres prouve que ce genre de spectacle plaisait, puisque, pendant des années, l'affiche ne varia guère : *la République, l'Empire et les Cent Jours, les Pages de l'Empereur, le Prince Eugène et l'Impératrice Joséphine, Austerlitz, le Général Foy, le Soldat de la République,*

LE PRINCE EUGÈNE
ET
L'IMPÉRATRICE JOSÉPHINE
TROIS ACTES, DOUZE TABLEAUX,
Par MM. FERDINAND LALOUE et F. LABROUSSE,

Constantine, Murat, la Ferme de Montmirail, Mazagran, Masséna l'Enfant chéri de la victoire, Bonaparte en Égypte, Brienne, Schœnbrunn et Sainte-Hélène, etc. C'est à l'une de ces représentations, m'a

PRIX : 50 CENTIMES   THÉÂTRE CONTEMPORAIN ILLUSTRÉ   MICHEL LÉVY FRÈRES, ÉDITEURS,
RUE VIVIENNE, 2 BIS

BONAPARTE EN ÉGYPTE

PIÈCE MILITAIRE EN CINQ ACTES ET DIX-HUIT TABLEAUX

PAR

M. FABRICE LABROUSSE

MISE EN SCÈNE DE M. ALBERT. — MUSIQUE DE M. FESSY. — DÉCORS DE MM. WAGNER, DEVOIR, CHERET ET DUFLOCQ

REPRÉSENTÉE POUR LA PREMIÈRE FOIS, A PARIS, SUR LE THÉÂTRE NATIONAL (ANCIEN CIRQUE), LE 25 DÉCEMBRE 1851.

DISTRIBUTION DE LA PIÈCE.

BONAPARTE	MM. TAILLADE.	BOSREDON BANSUAT	MM. FÉLIX.
KLÉBER	COULOMBIER.	TOMASI	ACHILLE.
CAFARELLI DUFALGA	BELMONT.	RAPHAEL	TOURNOT.
BON	ALPHONSE.	UN CHEVALIER	ACHILLE.
BERTHIER	NOEL.	MOURAD BEY	EDMOND.
MENOU	EUGÈNE	D'JEZZAR	GAUTHIER.
EUGÈNE BEAUHARNAIS	Mlle CLARENCE.	ABOU DEKER	BEAULIEU.
DESGENETTES	MM. DAUBRAY.	IBRAHIM BEY	LECOLLE.
DENON	NESAULT.	KORAIM	CHARLES LEROY.
MONGE	PONFONNIER	KADIR	TOURNOT.
THIÉBAUT	FRÉDÉRIC.	LE CADI	SIGNOL.
MARCEL	PATELOT.	DEM SELIM	COCHET.
VICTOR BLONDEAU	WILLIAMS	EL MODHI	Mlle DUFOSSÉ.
FARIGOUL	LEBEL.	MARIAM	Mme WERNNAS.
EDGARD PRUDHOMME	AMÉDÉE ROQUE.	HÉLÈNE	Mlles ROSE FLEURY.
FRUCTIDOR	AMÉLINE.	ROSALIE	JOSÉPHINE.
BENJAMIN	Mlle CÉCILE.	UNE CIRCASSIENNE	PAULINE.
LAMBERT	MM. BOILEAU	UNE GÉORGIENNE	MARIA.
LE COMMODORE SIDNEY SMITH	JULES M&W.	Officiers & Soldats français, Habitants de Malte, d'Alexandrie et du Caire, Baffzes, Soldats turcs, Fellahs, Esclaves	
UN GÉNÉRAL	MERVIL.		
FERDINAND DE HOMPESC	OSMONT		

— Tous droits réservés —

raconté mon excellent ami Jules Claretie, qu'un
vieux grognard s'évanouit de douleur au tableau

de Sainte-Hélène et fut emporté mourant; du reste mon grand-père Nicolas-Toussaint-Auguste Cain, qui avait fait les campagnes d'Italie et d'Espagne et avait été blessé à Waterloo, ne consentit à aller au théâtre que pour revoir son Empereur et la Redingote grise; tous les vieux soldats pensaient comme lui... Quelles salles héroïques devaient former ces braves,

Ces Achilles d'une Iliade
Qu'Homère n'inventerait pas!

Les auteurs de ces grands drames militaires étaient presque toujours Ferdinand Laloue et Fabrice Labrousse. C'est dans *Bonaparte ou les Premières Pages d'une grande Histoire* que débuta l'acteur Taillade qui, plus tard, et avec un grand talent, devait tenir une si belle place dans le monde dramatique. Sa fabuleuse ressemblance avec le Premier Consul lui avait fait assigner le rôle de Bonaparte. Il y fut d'ailleurs excellent et, comme il le savait, il se fit du jour au lendemain doubler ses appointements; — on assurait au boulevard du Crime que Taillade, lui aussi, avait réussi son 18 Brumaire! Pendant des années, les drames militaires succédèrent aux drames militaires.

L'*Histoire d'un drapeau*, de Dennery, donné au Théâtre Impérial du Cirque en 1860, était le prototype de ces représentations spéciales où la poudre

CALMANN LÉVY, ÉDITEUR
ANCIENNE MAISON MICHEL LÉVY FRÈRES
3, RUE AUBER, 3
A LA LIBRAIRIE NOUVELLE

PRIX **50** CENTIMES   PRIX **50** CENTIMES

L'HISTOIRE D'UN DRAPEAU

GRAND DRAME MILITAIRE EN DOUZE TABLEAUX
PAR
M. ADOLPHE D'ENNERY

MUSIQUE DE M. ADOLPHE DE GROOT. — BALLET DE M. BLASIS. — DÉCORS DE MM. CHÉRET ET CHANET, DARAN ET POISSON

REPRÉSENTÉ POUR LA PREMIÈRE FOIS, A PARIS, SUR LE THÉATRE IMPÉRIAL DU CIRQUE, LE MARDI 17 JANVIER 1860.

— DISTRIBUTION DE LA PIÈCE : —

FRANÇOIS BEAUDOIN	MM. Lafitterie.	UN OFFICIER AUTRICHIEN	MM. Langlois.
FRÉDÉRIC WOLF	Jenneval.	DEUXIÈME OFFICIER AUTRICHIEN	Ligne.
BONAPARTE	Maurice Coste.	UN CHEF DE COSAQUES	Louis.
MOLINCHON	Colbrun.	UN SOLDAT FRANÇAIS	Guillot.
BOUDINIER	Voulet.	UN HOMME DU PEUPLE	Fourras.
ANDRÉ	Clément Just.	UN COMMANDANT FRANÇAIS	Thil.
JÉROME LEROUX	Odin.	MADAME WOLF	Mmes Charisse Milow.
SATURNIN RENAUD	Bogul.	ANTOINETTE	Eudoxie Laurent.
LE PRÉFET	Pasot.	MARIE	Thérèse.
ANTOINE	Mangin.	LOUISE	Reiss.
LE CHEIK	F. Galland.	JEANNE	Angèle.
LE MARÉCHAL NEY	Noël.	GERTRUDE	Clinet.
LE GÉNÉRAL VAUBOIS	Valentini.	NINA	Cassard.
LANNES	N. Daunat.	UN JEUNE SOLDAT	Velpoine.
UN COLONEL AUTRICHIEN	Cochet.	ÉTAT-MAJOR FRANÇAIS, SOLDATS FRANÇAIS, ZOUAVES, GARDE IMPÉRIALE, ÉGYPTIENS, MAMELOUKS, COSAQUES, HABITANTS DE VIENNE, HABITANTS DE GRENOBLE, AUTRICHIENS.	
UN FIFRE	Ristayet.		
UN BOURGEOIS	Mas-Durand.		
UN CAPITAINE FRANÇAIS	Branchi.		

— Tous droits réservés. —

alternait avec les calembours des loustics chargés
d'égayer les spectateurs et de donner aux machi-

nistes le temps matériel de changer les décors. L'énumération seule des tableaux dit la tenue générale de l'œuvre : *Un Atelier de brodeuses, le Plateau de Rivoli, la Batterie couverte, la Prise du pont d'Arcole, la Bataille des Pyramides, la Fête du Nil, l'Entrée à Vienne, Un drame dans une chaumière russe, les Neiges du Nord, les Deux Drapeaux, le Retour de l'Ile d'Elbe, Solférino.* Les principaux rôles étaient joués par Laferrière, Jenneval, Colbrun et Clarisse Miroy. La scène et une partie de la salle étaient occupées par les évolutions des états-majors, des chevaux, des soldats. Trois à quatre cents comparses manœuvraient, et c'étaient des charges à la baïonnette, des redoutes prises et reprises, des chevaux sauvant le drapeau, des feux de bivouac, des batteries emportées d'assaut, des traîtres fusillés et des nations prisonnières! L'orgueil national d'ailleurs s'en mêlait à ce point que chaque figurant acceptait sans discussion la somme de *un* franc pour représenter un soldat français, mais c'était *cinquante* centimes de supplément pour « faire le Russe, l'Autrichien et l'Anglais »!

C'est dans une de ces pièces que Colbrun, le petit Colbrun (il avait la taille d'un enfant de quatorze ans), *entouré* par plusieurs cavaliers cosaques, s'écriait, alors qu'un officier lui jetait : « Brave Français, rendez-vous! » ... « Si le général Cambronne était là, je sais bien ce qu'il vous répondrait... » La salle éclatait en applaudissements et Colbrun *dispersait* ses ennemis.

Les exercices équestres, qui avaient fait autrefois la gloire et la fortune du théâtre de Franconi, n'avaient plus de place avec les drames militaires. Le Cirque-Olympique avait même perdu son titre et,

LE CLOWN AURIOL.

en 1848, il avait pris le nom de *Théâtre-National*; mais l'ancien Cirque renaissait bientôt sur le boulevard des Filles-du-Calvaire ; c'est le *Cirque* qui existe encore, où nos pères nous ont amenés tout enfants, le Cirque où trônaient autrefois la famille Lalanne, la famille Loyal, Mlle Lejard, Pauline Cuzant, Coralie Dumas, le fameux *Auriol*, un clown prestigieux, paraît-il, et qui faisait la joie du public parisien. « A Auriol seul il était réservé, rapporte Pougin d'après un journal de 1860, d'élever son métier à la hauteur d'un art. Sauter en l'air en pirouettant trois ou quatre fois sur lui-même; franchir à l'aide du tremplin huit chevaux montés par leurs cavaliers, ou 24 soldats avec la baïonnette au bout du fusil, s'élancer au travers d'un feu d'artifice, ou d'un cercle hérissé de pipes sans en briser une; improviser mille folies, tout cela semblait n'être pour lui qu'un jeu, qu'une récréation. Impossible enfin d'accomplir avec plus de facilité des choses paraissant surnaturelles. » C'était, paraît-il, un rire dans toute la salle dès qu'on percevait le bruit léger des grelots semés sur son costume tailladé!

Il existe toujours, ce vieux Cirque-Olympique; il n'a pas changé et reste immuable avec ses « jeux icariens », ses équilibristes, ses dompteurs, ses écuyères gracieuses qui, depuis tant d'années, franchissent, aux accents d'un pas redoublé, les mêmes cercles de papier et saluent du même sourire le même public toujours idolâtre. Je me souviens fort bien d'y avoir, tout enfant, accompagné mon père Auguste Cain, qui venait dans l'après-midi faire des études d'après les lionceaux du dompteur Batty; ces lionceaux figurent dans le groupe *Lionne rapportant un paon à ses petits*, qui décore le jardin des Tuileries. A côté de mon père, Rosa Bonheur, notre intime amie, dessinait des tigres et des lions,

LE CLOWN BILLY-HAYDEN.

et tous deux assistèrent dans les ménageries du Cirque d'Hiver à ce terrible combat d'un lion et d'une lionne dont mon père composa le grand groupe, placé dans les mêmes Tuileries, à l'entrée de la rue Castiglione, *Lion et Lionne se disputant un sanglier*. Rosa Bonheur fit du même épisode un admirable dessin. — Le dompteur Batty qui, la fourche à la main, était allé séparer les deux fauves, devait être dévoré quelques années plus tard.

Si le spectacle qu'offre le Cirque ne varie guère, le public enfantin s'y renouvelle constamment, et les joyeux rires perlés y accueillent toujours les éternelles grimaces des clowns ; et encore reste-t-il parfois, parmi ces admirables pitres, des êtres stupéfiants comme ce Billy-Hayden qui nous a tous tant amusés, petits et grands, il y a quelques années. M. Loyal seul a disparu, hélas ! l'admirable M. Loyal, orgueil et coqueluche du boulevard, l'imposant M. Loyal, sanglé dans son bel habit bleu, et qui d'un si beau geste rectifiait d'un coup de chambrière les incartades du clown irrespectueux ou les écarts de la jument *Norah* présentée en liberté.

En 1830, chaque théâtre contenait un café qui faisait pour ainsi dire partie de l'établissement. Il y avait le *Café du Cirque-Olympique*, le *Café des Folies-Dramatiques*, le *Café de la Gaîté* et, contre la grille des quatrièmes du Cirque-Olympique, le *Café des Pieds-Humides*, dont l'escalier s'ouvrait au-dessous de la porte du théâtre de *Mac-Moc*, un petit bonhomme qui faisait la parade à l'entrée d'un théâtre d'acrobates, et dont la tête grotesque s'agitant au-dessus d'un petit pantin de bois dialoguait avec l'*aboyeur*. Quant à son surnom, le *Café des Pieds-Humides* le devait à l'atmosphère effroyable qui régnait dans son affreux sous-sol, encombré

(Eau-forte de Martial.)

chaque jour et chaque nuit par un monde abominable de repris de justice, de souteneurs, de filles, de filous. La police y faisait des rafles fructueuses et répétées. La chaleur que dégageait cette salle basse encombrée de joueurs et de buveurs rendait humides et gluants les pieds des billards en acajou, d'où ce nom bizarre : le *Café des Pieds-Humides*. Près de là se trouvait la baraque où l'on exhibait le chien *Munito*, qui « défiait au piquet ou aux dominos les plus savants, ensemble ou séparément ».

LE BOULEVARD DU TEMPLE VERS 1860.

THÉATRE DE LA GAITÉ

Le théâtre de la Gaité. — Martainville et *le Pied de mouton*. — L'incendie de 1835. — Réouverture. — Paillasse. — Paulin Ménier et *le Courrier de Lyon*.

En 1795, Nicolet mourut; sa veuve lui succéda et le théâtre des Grands-Danseurs du Roi, qui, dès les premiers jours de la Révolution, s'était appelé *Théâtre d'Émulation*, prit le titre définitif de *Théâtre de la Gaité*. Il conserve ses équilibristes, sa grande voltige et sa « tourneuse », ses pantomimes burlesques et, profitant de la liberté des théâtres, adjoint Molière à la muse populacière de Ribié. On y joua le répertoire de la Comédie-Française, et cette fois sans avoir eu à solliciter l'autorisation de l'illustre compagnie. *Georges Dandin, le Médecin malgré lui* y furent acclamés. Chaque fois le public populaire demandait « l'auteur!... l'auteur!! » — En revanche, *Tartufe* y était conspué... « Ah! le scélérat! Ah! le coquin! Il faut le faire arrêter!!... » On voulait le traîner à la section!

Malgré tout, la Gaîté périclitait : on avait beau offrir aux spectateurs le *Brutus* de Voltaire, le *Fénelon* de M. J. Chénier, *les Victimes Cloîtrées* de Monvel, etc., le public se faisait rare ; un grand succès d'un genre tout nouveau releva sa fortune, ce fut *le Pied de Mouton*, par Martainville, joué en 1805.

Ce Martainville était un singulier personnage : spirituel, brave, entreprenant, hâbleur, débraillé, persifleur, il avait, bien jeune encore, fait ses preuves de courage et d'esprit. Voici ce que l'on peut lire dans *le Moniteur* du 19 ventôse an II (10 mars 1794) :

« *Tribunal Révolutionnaire.* — Martainville, âgé de quinze ans, demeurant au collège de l'Égalité, rue Saint-Jacques, convaincu d'avoir coopéré à la rédaction d'un écrit en huit pages d'impression intitulé : *Tableau du maximum des denrées et marchandises, divisé en cinq sections*, a été acquitté à cause de son jeune âge. »

C'est devant ce terrible tribunal que cet enfant de seize ans osa répondre au président qui l'appelait *de* Martainville : — « Je me nomme Martainville tout court, et non *de* Martainville; n'oublie pas, citoyen président, que tu es ici pour me raccourcir et non pour me rallonger. » Et les juges de rire, ce qui n'était pas leur habitude.

THÉATRE DU CIRQUE, VERS 1860.

Ce fut donc *le Pied de Mouton* qui releva la fortune de la *Gaîté*; cette vieille féerie est toujours populaire. Quel est celui de nous qui n'a pas, tout enfant, applaudi aux aventures de Guzman — « qui ne connaît pas d'obstacles » — et ri aux larmes aux bêtises de Lazarille et de Nigaudinos !

Ce théâtre, dans son ancienne forme, vécut jusqu'en 1805. A cette date, Bourguignon, gendre et successeur de la veuve Nicolet, le fit rebâtir après le décret impérial de 1807, qui supprimait vingt-cinq théâtres et assignait aux survivants des règles strictes et restrictives ; la *Gaîté* se donna entièrement au mélodrame. V. Ducange et Guilbert de Pixérécourt en furent les fournisseurs presque attitrés, et c'est alors que sont représentés : *l'Ange tutélaire* ou *le Démon femelle*, — *la Tête de Bronze*, *Miniski* ou *le Tribunal de famille*, *Victor* ou *l'Enfant de la forêt*, d'autres encore, dont les titres seuls sont parvenus jusqu'à nous ; mais ces titres sont suggestifs : *l'Homme de la Forêt-Noire*, *le Précipice*, *les Ruines de Babylone*, enfin *le Chien de Montargis*. C'était la première fois qu'un chien jouait un rôle sur un théâtre. Dragon (c'était le nom auquel il aboyait) eut un énorme succès. Pixérécourt qui cependant était un véritable érudit, ami de Ch. Nodier, et comme lui passionné bibliophile, a écrit d'extraordinaires mélodrames. C'est lui qui, le 5 septembre 1815, fit représenter à la Gaîté *Christophe Colomb* ou *la Découverte du Nouveau Monde*, et c'est inouï ce qu'il y a dans cette pièce ! — D'abord une préface, qui débute par cette phrase : « Le génie de l'homme n'a rien conçu de plus étonnant, rien exécuté de plus hardi que la découverte de l'Amérique. » — Puis, Pixérécourt raconte la genèse de sa pièce et termine en ces termes : « Le public pensera sans doute, comme moi, qu'il eût été complètement ridicule de prêter notre langage, même défiguré, à des

MAGASIN THÉATRAL
CHOIX DE PIÈCES NOUVELLES

Prix : 50 centimes.

BARBRÉ, ÉDITEUR
BOULEVARD SAINT-MARTIN, 12.

LE
PIED DE MOUTON
GRANDE FÉERIE-REVUE-BALLET EN 21 TABLEAUX
Imitée de Martainville
PAR
MM. COGNIARD frères et HECTOR CRÉMIEUX
REPRÉSENTÉE SUR LE THÉATRE DE LA PORTE-SAINT-MARTIN, LE 8 SEPTEMBRE 1860.

Musique composée et arrangée par MM. MANGEANT et A. ARTUS. — Ballets composés par M. BOROPÉ. — Décors de MM. CAMBON et THIERRY-
DARRAS, POISSON et FROMONT. — Décor de l'Apothéose par M. JAMES GATES, de Londres. — Costumes dessinés par
M. DORÉ et exécutés par M. GESTALE BORIN et MADAME MOREAU. — Trucs et accessoires de M. POIREUILLET. — Machines de M. ELLEART
Jeux hydrauliques de M. M. LECLERC. — Hommes de feu, procédé CARTERON.

DISTRIBUTION.

NIGAUDINOS..........	MM. PARADE.	BRIGITTE............	Mmes DARTE.
LAZARILLE...........	LAURENT.	LE LUTIN DES VOYAGES.	NELLY.
DON LOPEZ...........	JOSSE.	UN GAMIN...........	
UN CORRÉGIDOR.......	LANROY.	LA FÉE DES SOUCIS...	NANTIER.
UN NOTAIRE..........	BRICHARD.	LA REINE DES FÉES...	LOUISE FRÉVAL.
GUSMAN..............	Mmes DAUDOIRÉ.		MARIE GRANDET.
LÉONORA.............	CÉSAR MONTALAND	FÉES et BOUQUETIÈRES	MORIN.
LA FÉE PRIMEVÈRE....	PHILIPPE.		ADÈLE NANTIER.

DANSE :
Mlles CARLOTTA DE VECCHI, VIRGINIE MAGNY, FÉLICIE DEZAN, DARRAS, REY, BRUNETTE, SOPHIE SCHWARZ, CLARISSE et CHEVALIER.
Corps de ballet empruntés aux théâtres de Covent-Garden, de Londres; de la Scala, de Milan; et de la Pergola, de Florence.

hommes qui voient, pour la première fois, des Européens. Bien certain que cette innovation ne

7*

pouvait qu'être approuvée par les gens de goût, j'ai donné aux habitants de l'île Guanahani l'idiome des Antilles, que j'ai puisé dans le Dictionnaire Caraïbe composé par le R. P. Raymond Breton, imprimé à Auxerre en 1635. On trouvera dans ma pièce l'explication de tous ces mots, dont j'ai cru, néanmoins, devoir user avec sobriété. »

Et nous lisons cet étrange dialogue :

ACTE III (SCÈNE III)

(ORANKO, KARAKA, SAUVAGES, PUIS KEREBEK)

Oranko à Karaka
Cati louma !
Karaka
Amoulika Azakia Kerebek
(Oranko hésite.)
Oranko
Inaliki Chicalamai. Itara a moutou
Koule oüekelli ?...

et la scène se poursuit ainsi.

N'est-ce pas fantastique ? — J'ajoute que le français de Christophe Colomb rappelle le caraïbe d'Oranko !

Le 17 janvier 1818, un petit événement se passe à la Gaîté. On jouait *l'Enfant du Régiment*, de Dubois et Brazier ; ce petit vaudeville avait obtenu le meilleur accueil ; mais certains spectateurs crurent y rencontrer quelques allusions politiques : « C'était le roi de Rome que les auteurs avaient mis en scène et, de plus, une gravure avait donné au héros de la pièce, bercé sur les genoux d'un vieux soldat, une ressemblance suspecte avec le fils de Napoléon. »

La police inquiète de la Restauration donna l'ordre d'arrêter l'ouvrage et de saisir l'image; la pièce fut interdite après quarante-cinq représentations, et les mélodrames les plus saugrenus et les plus sinistres se succédèrent jusqu'en 1830.

Les représentations commençaient à six heures et demie; mais, le dimanche, *la Gaîté*, comme les autres théâtres, devait lever le rideau à *cinq heures et demie précises*. Une ordonnance de police l'exigeait (septembre 1811) : « La plus grande population de Paris n'a que le dimanche pour jouir des spectacles, et il ne faut pas que les heures auxquelles ils commencent et finissent ce jour-là puissent contrarier les occupations auxquelles elle doit se livrer le lundi. »

C'est un dimanche, à la sortie d'un mélo historique narrant la trahison de l'*amiral Bing*, que fut échangé ce stupéfiant dialogue entre deux titis : On allait commencer le dernier acte et la sonnette rappelait le public : « — Eh ! Polyte, tu rentres pas ? »

— « Non, il m'embête, l'amiral Bing. »

— « Moi aussi, mais c'est justement à cause de ça que je remonte... Il m'a trop rasé, j'veux l'voir fusiller ! »

En 1834, *Latude* ou *Trente-cinq Ans de captivité* fait courir tout Paris à la Gaîté... La pièce était amusante, bien faite ; elle mettait en scène des événements récents encore ; de plus, la direction avait exposé, dans le foyer même du théâtre, les instruments qui avaient servi au prisonnier pour percer les redoutables murailles de la Bastille; l'échelle elle-même, la fameuse échelle qui lui avait permis de s'évader, figurait au nombre des objets exposés. Ce fut le grand succès; la Gaîté faisait d'admirables recettes, et quatre-vingts représentations n'avaient pas lassé la curiosité du public quand un horrible incendie vint détruire le théâtre, pendant une répétition générale de *Bijou ou l'Enfant de Paris*.

Tout Paris s'émut, et une immense sympathie entoura le directeur Bernard Léon, un brave artiste, estimé et aimé, qui venait d'acheter 500.000 francs le théâtre.

Des représentations furent organisées à son bénéfice, des concours pécuniaires et artistiques lui vinrent en aide, tant et si bien que, le 19 novembre 1835, le *Théâtre de la Gaîté* put rouvrir ses portes au public, après avoir été détruit par l'incendie le 21 février de la même année.

Le spectacle d'ouverture se composait de trois pièces : *Vive la Gaîté!* un prologue; *la Tache de Sang*, un mélodrame; et *les Tissus d'horreurs*, une folie-vaudeville.

Depuis, la Gaîté obtint une longue suite de succès dont quelques-uns sont encore populaires : *le Sonneur de Saint-Paul*, de Bouchardy; *la Grâce de Dieu*, de Dennery, qui rappelait une vieille pièce, *Fanchon la Vielleuse*. *La Grâce de Dieu*, commandée en toute hâte, au lendemain d'un insuccès et écrite en huit jours, réussit fort, et Paris s'éprit des malheurs des petits Savoyards sur l'air célèbre de Mme Loïsa Puget :

« Adieu, ma fille, adieu !
A la grâce de Dieu ! »

(D'après le dessin original.)   (Musée Carnavalet.)
LES TYPES DE « FANCHON LA VIELLEUSE ».

ainsi que de la constance de Pierrot, qui avait ramené de Paris en Savoie sa bien-aimée « à reculons, et en jouant de la vielle ». *La Grâce de Dieu* fut reprise bien des fois; une de ses dernières interprètes était la charmante Mme V. Lafontaine qui y fut acclamée. — Dennery était un homme infiniment spirituel et ses mots furent célèbres. Il n'assistait jamais aux premières représentations de ses confrères et s'en excusait par cette phrase épique : Si leur pièce a du succès..., ça m'ennuie ; si c'est un four, je m'embête ! — A un ami qui s'écriait : « J'adore les enfants des autres », il répondait avec bonhomie : « Mariez-vous. » — Il considérait Molière comme un ennemi personnel : « C'est vrai, expliquait-il, quand on vient d'applaudir *le Misanthrope*, on se croit toujours forcé de dire : Quel brigand que ce Dennery ! »

(D'après une photog.)
VICTORIA LAFONTAINE
DANS LA « GRACE DE DIEU ».

Il nous a été donné d'assister à la plus amusante des discussions : Henri Rochefort venait de perdre contre son vieil ami Dennery une forte partie de piquet, et Rochefort, fléchissant sous la honte d'un

MARCEAU
ou
LES ENFANTS DE LA RÉPUBLIQUE

DRAME EN CINQ ACTES ET DIX TABLEAUX

par

MM. ANICET BOURGEOIS ET MICHEL MASSON

REPRÉSENTÉ, POUR LA PREMIÈRE FOIS, A PARIS, SUR LE THÉÂTRE DE LA GAITÉ, LE 22 JUIN 1848.

DISTRIBUTION DE LA PIÈCE.

MARCEAU	MM. DESNATES.	MONTOURNOIS	MM. ÉDOUARD.
KLÉBER	EMMANUEL.	DOURDOTTE	CASSARD.
BONAPARTE	EUGÈNE.	UN COLONEL AUTRICHIEN	HIPPOL. DELAPORTE.
L'ABBÉ PASCAL	SERVILLE.	UN CAPITAINE	LUINÉ.
LE MARQUIS DE BEAULIEU	DAUMONT.	UN NOTAIRE	FORDONNE.
FAUVEL	SAINT-MAR.	UN HUSSARD	
HENRI DE LOSTANGE, personnage muet.		GENEVIÈVE DE BEAULIEU	Mme MAL.
BEAUGENCY	NEUVILLE.	CROQUETTE	LÉONTINE.
GALOUBET	FRANCESQUE.	CORNELIA	POTIER.
TALMA	ROSIER.	LA MÈRE GALOUBET	CHÉZA.
CHÉNIER	TAILLADE.	UNE FEMME DU PEUPLE	HORZAT.
ROBESPIERRE	GOTCEY.	VOLONTAIRES PARISIENS. — PEUPLE. — PAYSANS VENDÉENS. — SOLDATS FRANÇAIS. — SOLDATS AUTRICHIENS.	
COCHEGRU	LESCEUR.		
ROBERT	CHARLET.		

— Tous droits réservés —

Rubicon, couvrait d'injures son partenaire, l'accusant des pires infamies : reprises dans l'écart, renonces, etc., etc. — Jamais Rochefort n'avait été plus amusant, nous nous tordions de rire; Dennery impassible, les yeux presque clos, avait reçu cette effroyable bordée, et quand Rochefort se tut: « Monsieur Rochefort, lui riposta-t-il gravement, les injures d'un ancien forçat ne sauraient m'atteindre ! » — « Moi, reprit alors Rochefort, j'en suis sorti; vous, vous y seriez encore... et maintenant, affreux filou, battez, coupez, ma revanche, et tâchez de ne plus tricher ! »

« Quel homme que ce Rochefort, murmurait alors Dennery, quel homme !... Et notez que c'est encore un des plus honnêtes de son parti ! »

(Collect. H. Lecomte.)
FRÉDÉRICK LEMAITRE
DANS « ROBERT MACAIRE ».

Marceau ou les Enfants de la République triomphe le 22 juin 1848. La distribution des rôles porte cette étrange désignation : Henri de Lostange (personnage muet).

Fualdès, qui met en scène le drame énigmatique de Rodez, a le don de passionner le public parisien. On siffle, on se dispute, on applaudit ; c'est un succès.

Le 9 novembre 1850, Dennery et Marc Four-

CALMANN LÉVY, ÉDITEUR
ANCIENNE MAISON MICHEL LÉVY FRÈRES
3, RUE AUBER, 3
A LA LIBRAIRIE NOUVELLE

PRIX 50 CENTIMES   PRIX 50 CENTIMES

CARTOUCHE

(DRAME NOUVEAU EN CINQ ACTES (HUIT TABLEAUX))

PAR

MM. Adolphe D'ENNERY et Ferdinand DUGUÉ

REPRÉSENTÉ POUR LA PREMIÈRE FOIS, A PARIS, SUR LE THÉATRE DE LA GAITÉ, LE 29 DÉCEMBRE 1858

DISTRIBUTION DE LA PIÈCE

CARTOUCHE............	MM. Dumaine.	PREMIER BOURGEOIS............	MM. Jeannin.
GRIBICHON............	Perrin.	DEUXIÈME BOURGEOIS............	Victorin.
FRANÇOIS BEAUDOUIN............	Ch. Pérey.	L'OFFICIER............	Mallet.
LE COMTE D'ORDESSAN............	Lacressonnière.	JEANNETTE............	Mmes A. Moreau.
LE MARQUIS DE GRANDLIEU, chevalier du Guet............	Deville.	LOUISE DE GRANDLIEU............	Dumont.
CHARLOT, paysan............	Alexandre.	UNE MARCHANDE............	Héloïse.
L'ÉVEILLÉ, voleur............	Lemaire.	PREMIÈRE PAYSANNE............	Mathilde.
DOUBLEMAIN, idem............	Francisque jeune.	DEUXIÈME PAYSANNE............	Léonie.
MITOUFLET, fruitier............	Liquier.	UNE MARCHANDE DE FLEURS............	Henriette.
GERMAIN............	Achry.	SOLDATS DU GUET, MARÉCHAUSSÉE, PAYSANS, PAYSANNES, MARCHANDS, MARCHANDES, BOURGEOIS, VOLEURS.	
UN VOLEUR............	Cervalier.		

— Droits de représentation, de reproduction et de traduction réservés —

nier firent représenter à la Gaité le drame célèbre, *Paillasse* où Frédérick Lemaître obtint un immense succès. Cet admirable acteur, qui tenait sans conteste le premier rang parmi les artistes dramatiques de son époque, avait dû quitter le théâtre de la Porte-Saint-Martin après une faillite de la direction. Engagé à la Gaîté, Frédérick y avait transporté son répertoire : *le Chiffonnier de Paris, Don César de Bazan, Trente Ans* ou *la Vie d'un joueur, Paillasse* ; la pièce nouvelle lui permit d'enregistrer un nouveau triomphe. Il faut lire les éloges que prodiguent à Frédérick les critiques d'alors, pour comprendre quelle place tenait ce prodigieux artiste sur la scène parisienne : « Il faudrait, dit A. Vacquerie dans *l'Événement*, un génie égal à celui de Frédérick pour traduire en paroles frappantes sa création comme il a traduit celle des auteurs en sanglots déchirants et en gestes inouïs. » — « La pièce, s'écrie dans *le Siècle* Matharel de Fiennes, c'est Frédérick... Cet homme, avec le génie du cœur, a gagné hier au soir, devant le peuple, la cause de l'humanité. » — « Allez voir *Paillasse*, écrit enfin J. Janin dans *les Débats*, et vous serez comme la salle entière, attentive, excitée, curieuse, suspendue aux lèvres de cet homme... C'est un événement, ce Frédérick, dans ce nouveau rôle ! — Il est remonté d'un seul bond à toute sa hauteur ! — Quel homme ! » — *Paillasse* obtint cent représentations consécutives, succès jusqu'alors sans précédent !

Puis vint le fameux *Courrier de Lyon*, le triomphe de Paulin Ménier. Ce drame si pittoresque, si amusant, fut représenté le 16 mars 1850 : admirablement joué et mis en scène, il passionna Paris. C'est que Paulin Ménier avait créé, dans Chopard (ma-

quignon, dit l'Aimable), un de ces types inoubliables qui se gravent dans l'esprit, comme une apparition effroyablement grotesque. Après l'avoir aperçue, qui de nous n'a gardé le souvenir effrayant de cette tête de dogue, de ces yeux de proie brillants sous la touffe épaisse des sourcils, de ce menton enfoui dans les plis d'une cravate crasseuse, de cette bouche édentée, de ce nez rubescent, de ces courtes pattes de lapin sur des joues violacées, de ce petit chapeau claque enfoncé sur un crâne simiesque, de ce gilet de hussard qui devait avoir été rouge et où pendaient encore quelques boutons

PAULIN MÉNIER.

de cuivre, de cet extraordinaire carrick à collets, de ce fouet de chasse au manche court, de ces bottes élimées, de cette culotte de peau zébrée de reprises et de coutures, et surtout de la voix étonnante qui sortait de ce pantin macabre, cette voix éraillée, crapuleuse, alcoolique, lançant son inoubliable : « *Ici, Fouinard !* »

Paulin Ménier, grand artiste intelligent, lettré, ayant le culte de son art, sachant « habiller » son personnage et dessiner une silhouette de la plus pittoresque façon, atteignit dans cette création de Chopard la perfection dramatique. Plusieurs milliers de représentations n'ont pas épuisé la vogue du *Courrier de Lyon*, et Paulin Ménier s'y est fait applaudir jus-

qu'à sa mort en 1898. Léon Noel, qui reprit son rôle, a fidèlement copié son illustre devancier, et nous ne saurions trop en féliciter ce comédien de talent ; à côté de Paulin Ménier, Lacressonnière créait, de merveilleuse façon le double rôle de Lesurque-Dubosc et ce remarquable artiste, y obtint le plus légitime succès.

Puis la Gaîté représenta — et nous ne citons que les grands succès — *le Médecin des enfants*, avec Laferrière, et *les Cosaques*, où Paulin Ménier traça d'une façon remarquable la silhouette d'un vieux grognard épique. On raconte qu'un soir où le théâtre donnait une représentation qui comportait non seulement *les Cosaques*, mais encore *le Sonneur de Saint-Paul* — dix actes ! — la troupe s'y était préparée par un copieux déjeuner. — Quelques têtes étaient visiblement à l'envers, quelques langues étaient lourdes, si bien que le public s'en aperçut ; l'on murmurait ; un grincheux s'écria même : « C'est honteux ! » — Un titi indulgent sauva la situation par ce mot plein de bonhomie : « Eh bien quoi !... ça arrive à tout le monde... N't'épate pas et vas-y, mon vieux Bedfort ! » *Cartouche*, *la Petite Pologne*, *les Pirates de la Savane*, *les Crochets du père Martin*, *le Canal Saint-Martin*, *les Bohémiens* et, enfin, d'amusantes féeries, dont *les Sept Châteaux du Diable*, *les Cinq Cents Diables*, etc., amènent pendant de longues années le public à la Gaîté.

A côté du théâtre il y avait, bien entendu, *le Café de la Gaîté*, où se réunissaient les artistes du théâtre, les petites femmes de la figuration, les amateurs, les marchands de billets, etc., et Fr. Febvre nous conte avec infiniment d'esprit une charmante anecdote dont ce café fut l'objet.

CALMANN LÉVY, ÉDITEUR
ANCIENNE MAISON MICHEL LÉVY FRÈRES
3, RUE AUBER, 3

PRIX 50 CENTIMES — PRIX 50 CENTIMES

FUALDÈS

DRAME EN CINQ ACTES, ET HUIT TABLEAUX

PAR

MM. DUPEUTY ET GRANGÉ

REPRÉSENTÉ POUR LA PREMIÈRE FOIS, A PARIS, SUR LE THÉATRE DE LA GAITÉ, LE 14 NOVEMBRE 1848.

DISTRIBUTION DE LA PIÈCE:

FUALDÈS..................	MM. GRANDJEAN.	MADAME MANSON............	Mmes MAX.
BASTIDE...................	SERVILLE.	MADELEINE, fille de Bancal......	MEIGNAN.
JAUSION...................	EMMANUEL.	PREMIER INVITÉ...............	MM.
LE COMTE DE SAINT-ANDEOL.....	GOUGET.	DEUXIÈME INVITÉ..............	
PIERRE BANCAL.............	DELAISTRE.	UNE DAME.....................	Mmes ROBERT.
ANDRÉ, joueur d'orgue.......	PARÈS.	UN GREFFIER..................	M. FONVOREL.
RÉMY, ancien serviteur de Fualdès...	DUBUCREAU.	UN TAMBOUR...................	M. LAURE.
SAUVETERRE................	BREMONT.	UN DOMESTIQUE................	
SIMPLICE..................	CHARLET.	GENDARMES, BOURGEOIS, PAYSANS.....	
LA FEMME BANCAL...........	ABIT*		

La scène se passe à Rodez, en 1817

* AVIS POUR LA PROVINCE. — Le rôle de la Bancal appartient à l'emploi des premiers rôles de drame et non à celui des duègnes.

— Droits de représentation, de reproduction et de traduction réservés. —

La patronne était jolie, le patron était jaloux, et il avait tout lieu de l'être, ayant eu le triste avantage de surprendre sa femme avec un de ses garçons dans une situation qui ne pouvait laisser subsister aucun doute.

Ce fut une colère froide et digne : « Je sors, Madame, dit-il à sa coupable épouse, je sors, mais à mon retour j'espère ne plus trouver chez moi cet associé imprévu. »

En rentrant, le soir, la première vision qui apparaît à l'infortuné cafetier, c'est l'odieux rival marivaudant avec sa complice : « Il me semblait, Madame, que ce garçon devait quitter notre maison? »

« — Mon ami, ce garçon, répondit-elle d'une voix douce, avait en effet des torts envers vous; mais, après votre départ, il m'a fait des excuses!... »

On devine la joie que causa dans le théâtre cette explication... biscornue!

En 1862, la Gaîté, atteinte par l'ordonnance si funeste du préfet Haussmann, dut disparaître du boulevard du Temple éventré et émigrer près du boulevard Sébastopol, devant les Arts et Métiers.

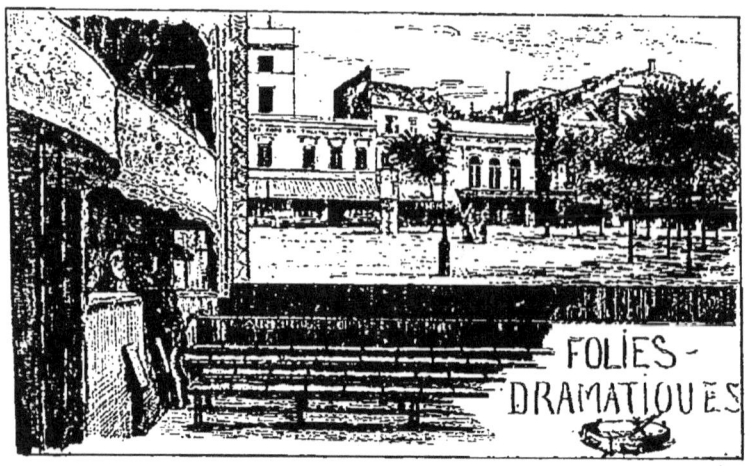

(Eau-forte de Martial.)

Théâtre des Folies-Dramatiques. — *Robert Macaire.* — Disparition des baraques et des théâtres en plein vent. — La littérature dramatique au boulevard du Temple. — Mme Saqui.

Les Folies-Dramatiques ouvrirent au public leurs portes le 22 janvier 1831 et abordèrent successivement tous les genres. On y applaudit des pièces féeriques, comme *la Fille de l'air*, avec Mlle Nathalie, qui plus tard devait devenir une excellente sociétaire de la Comédie-Française; *la Fille du feu* et *Nip Nip;* des pièces patriotiques, comme *la Cocarde tricolore*, qui fut le début au théâtre des frères Cogniard, en 1831, et qui obtint près de deux cents représentations, chose remarquable pour l'époque; des vaudevilles, comme *les Aventures de M. Jovial;* des drames, comme *le Couvent de Tonningthon, les Deux Forçats;* et, enfin, des comédies aristophanesques, comme *Robert Macaire*, cette géniale création de Frédérick Lemaître.

Ce grand acteur, le dieu du boulevard du Temple, était alors en pleine éclosion de son talent, et *Robert Macaire* était la continuation de *l'Auberge des Adrets*, qu'il avait créée quelques années auparavant à l'Ambigu-Comique et qui avait été pour lui l'occasion d'un triomphe éclatant. Il faut voir avec quel enthousiasme en parlent les meilleurs écrivains de son époque pour comprendre la place considérable qu'occupait Frédérick Lemaître dans le monde dramatique. Th. Gautier disait : « C'est un beau et noble spectacle que de voir ce grand acteur, le seul qui chez nous rappelle Garrick, Kemble, Macready et surtout Kean, faire trembler de son vaste souffle shakespearien les frêles portants des coulisses des théâtres du boulevard. Frédérick a ce privilège d'être terrible ou comique, élégant et trivial, féroce et tendre, de pouvoir descendre jusqu'à la farce et monter jus-

(Collect. H. Lecomte.)
FRÉDÉRICK LEMAITRE
DANS « LE PÈRE GACHETTE »

qu'à la poésie la plus sublime comme tous les acteurs complets. Ainsi il peut lancer l'imprécation

FRÉDÉRIC LEMAÎTRE.

de *Ruy Blas* dans le conseil des ministres et débiter le pallas de *Paillasse* dans une place de village; *Richard d'Arlington* jette sa femme par la fenêtre avec la même aisance qu'il cuisine la soupe aux choux du saltimbanque et porte son fils en équilibre sur le bout de son nez. Dans *Robert Macaire*, ce Méphistophélès du bagne, bien plus spirituel que l'autre, a élevé le sarcasme à la trentième puissance et trouvé des inflexions de voix inouïes et des gestes d'une éloquence incroyable. Il a été plus beau que jamais dans *Paillasse*. » Dumas, Victor Hugo montrent le même enthousiasme, la même émotion. Tout le monde spécial du boulevard partageait cet empressement. Jamais d'ailleurs un homme n'offrit un plus complet mélange de qualités admirables, de dons extraordinaires et de plus pittoresques défauts : charitable, hautain, hâbleur, familier, trivial, joueur, débraillé, ivrogne, brave, charmant, spirituel, prodigue et besoigneux, passionné d'art et scatologue, portant superbement dans la vie comme au théâtre le feutre effiloqué de Don César de Bazan. Frédérick traversait le boulevard, hautain, souriant et dédaigneux, acclamé des titis, admiré des femmes, applaudi des hommes ; ses amours mêmes défrayaient les conversations des badauds : on se contait les stupéfiants incidents de sa liaison avec Clarisse Miroy, mélange de tendresses bruyantes, de jalouses ruptures, de coups de canne et de réconciliations publiques.

Le lendemain d'une de ces retentissantes querelles, racontait-on, Frédérick, sonnant à la porte de sa maîtresse, fut reçu par la mère de Clarisse ; la bonne dame, effrayée de se trouver en présence du brutal artiste, levait déjà le bras pour se garer des coups... « Mais que craignez-vous donc, vibra Frédérick... Vous battre, moi!! — Vous battre!! Est-ce que je vous aime? » On citait de lui d'autres mots épiques : « Mais, monsieur Frédérick, vous ânonnez votre rôle, vous n'en savez pas le texte, vous marchez dans ma prose... » Et lui de répondre : « On dit que ça porte bonheur! »

On colportait sa réponse à la reine d'Angleterre, le complimentant de sa belle création du Père Jean dans le Chiffonnier de Paris et s'étonnant de ce que semblables misères puissent se rencontrer chez nous...

FRÉDÉRICK LEMAITRE, DANS
« 30 ANS OU LA VIE D'UN JOUEUR ».

« Ce sont nos Irlandais, Madame! » On se répétait son observation au directeur, qui, en sa présence, avait successivement obtenu d'un jeune homme, fort riche et prêt à tous les sacrifices pour arriver à se voir représenté, une subvention, des décors neufs, un prêt immédiat d'argent. Le malheureux auteur ayant finalement tout accepté, tout signé

tout donné, allait sortir du cabinet directorial.
Frédérick alors se précipita devant la porte et cria,
les bras en croix : « Comment vous laissez déjà
sortir Monsieur... et il a encore sa montre!... »

C'est lui, toujours lui, qui, le soir d'une première
représentation, interroge son fils, respectueux et admiratif.
« Comment m'avez-vous trouvé, mon fils?

— Admirable.

— Et que pensait la salle?

— Elle vous admirait.

— Alors vous ne voyez aucune observation à me faire, aucune critique à m'adresser ?

— Pas une, vous fûtes parfait.

— Rien non plus à redire aux costumes?

FRÉDÉRICK LEMAITRE, DANS
« L'AUBERGE DES ADRETS ».

— Splendides et pittoresques!

— Cherchez bien.

— Mon Dieu! peut-être le parapluie que vous portiez sous le bras était-il d'un bleu un peu criard...

— Hein! quoi! le bleu de mon parapluie criard!!
Ce fut ma meilleure trouvaille, tu n'y connais
rien... F... le camp, imbécile! » — *Robert Macaire*
obtint le plus vif succès, et les *Folies-Dramatiques*

connurent les ivresses du maximum. Mourier, le directeur, fit fortune et mourut en 1857. Tom Harel,

L'OEIL CREVÉ

BOUFFONNERIE MUSICALE EN TROIS ACTES.
PAROLES & MUSIQUE DE **M. HERVÉ**.
REPRÉSENTÉE POUR LA PREMIÈRE FOIS AU THÉATRE DES FOLIES-DRAMATIQUES, A PARIS, LE 12 OCTOBRE 1867.
Direction de M. MOREAU-SAINTI. — M. Alexandre ARTUS, chef d'orchestre.

PERSONNAGES

GÉROMÉ	MM. Milher.	COPEAU	Bernat.	LA MARQUIS —	Adèle Cuzel.
LE MARQUIS	Burret.	DUFOUR	Ozanne.	ECLUSINE	Atala Massce.
ALEXANDRIVORE	Marcel.	ROUSSIN	Marius.	MARIETTE	Sembides.
LE BAILLI	Hezray.	LA SENTINELLE	Blanquis.	FRANÇOISE	Léonie Baron.
ERNEST	Chaudesaigues.	LE GREFFIER	Artus.		
LE DUC	Courtès.	DINDONNETTE	Mmes Bertral.	Arbalétriers, Paysans, Paysannes, Notables et Domestiques du Marquis.	
CHAVASSUS	Lemras.	FLEUR DE NOBLESSE.	Julia Baron.		

le neveu de la célèbre Mlle George, lui succéda; c'est sous sa direction que, le 15 juillet 1862, les *Folies-Dramatiques* donnèrent leur dernière représentation au boulevard du Temple. Ce théâtre dut disparaître devant le pic des démolisseurs et fut transporté, 40, rue de Bondy, sur l'emplacement qu'il occupe encore actuellement. — Frédérick Lemaître y fait une nouvelle apparition, reprend une partie de ses anciens rôles et y crée *le Père Gachette*, le 13 juin 1867. Pendant des années le théâtre cherche sa voie, jouant des comédies, des féeries, des mélodrames, jusqu'au jour où l'opérette s'y installa! — C'est là qu'Hervé triompha avec *l'Œil crevé, le Petit Faust, les Turcs, Chilpéric!...* Que de jolies opérettes ont vu le jour sur cette petite scène : — *la Fille de Madame Angot, les Cloches de Corneville, Jeanne, Jeannette et Jeanneton*..... et, pour ne citer que le plus récent succès, nommons *le Billet de logement*, où Jeanne Leriche fut si spirituellement amusante. C'est de la farce un peu lourde, un peu vulgaire, mais qui nous rappelle les gais propos de Taconnet, de Panard et de Vadé qui triomphèrent jadis aux premières heures de succès du boulevard du Temple.

Le boulevard du Temple, on le voit, était noblement partagé. A cette époque, une véritable pléiade d'artistes de talent s'y disputaient la faveur du public. Le premier de tous, c'était, bien entendu, Frédérick Lemaître, cette vivante incarnation de l'art dramatique; puis venaient Bocage, Laferrière, Mélingue, alors à ses débuts; Ligier, Lockroy, Jemma, Saint-Ernest, Francisque aîné, Francisque jeune, Delaistre, Moessard, Chilly, Paulin Ménier, Boutin, Mlle George, Mme Dorval, Mme Moreau-

Sainti, Mlle Ida, Mlle Noblet, Clarisse Miroy, Léontine, Théodorine Mélingue, etc.

Les petits théâtres, si amusants jadis, avaient disparu; les baraques avaient été supprimées, les parades ne racolaient plus les badauds de Paris. Finis, ces dialogues étranges dont Bobèche et Galimafré avaient donné de si bizarres échantillons; abolis, ces vaudevilles stupéfiants dont l'un commençait par cette phrase restée légendaire, et que prononçait un domestique seul en scène au lever du rideau : « Allons, bon, encore une punaise su'l'beurre ! Mam' la Marquise qu'est si sur sa bouche, qu'est-ce qu'elle va dire en apprenant ça ! ! » Ou encore

MADEMOISELLE LASSENY.
« L'ŒIL CREVÉ ».

(c'était au Petit-Lazari — et le marquis (quel marquis !!) saluait en ces termes la comtesse (quelle comtesse !!) : « Ah ! comtesse, tous mes compliments, la belle fête ! un municipal à la porte, des fleurs dans l'escalier, du veau à l'entresol !! — Et toujours votre loge à l'Ambigu... Mâtin ! Quel luxe ! »

Tout le répertoire, nous apprend le très aimable et très érudit Arthur Pougin, était dans ce goût. Mme Saqui seule demeurait et continuait dans son petit théâtre, compris entre les *Funambules* et le *Petit-Lazary*, à promener sur la corde qui traversait le théâtre, reliant la scène à la galerie supérieure, la brouette célèbre renfermant son enfant, aux frénétiques applaudissements des spectateurs. Mme Saqui, d'ailleurs, ajoute encore Pougin [1], ne badinait pas avec son public.

MADAME SAQUI.

Cette femme originale, douée d'une rare force musculaire, n'hésitait pas, si elle entendait quelque bruit ou quelque querelle, à aller elle-même rétablir l'ordre troublé. Une pelisse jetée sur son costume, elle empoignait le perturbateur, le secouait avec vigueur et le jetait à la porte avec tous les égards dus à son rang.

1. A. Pougin, *Acteurs et Actrices d'autrefois*. Juven, 10, rue Saint-Joseph.

Hugo et Dumas triomphaient à la Porte-Saint-Martin. Les deux théâtres de drame du boulevard du Temple, la Gaîté et l'Ambigu, avaient aussi leurs auteurs à succès, leurs spectateurs fidèles, et une troupe vraiment exceptionnelle : Bouchardy, Anicet Bourgeois, Paul Foucher, Michel Masson, Alboize et Dennery faisaient représenter pendant vingt ans tous ces drames célèbres dont bien des noms ont survécu : *Lazare le Pâtre, le Sonneur de Saint-Paul, Gaspardo le pêcheur, Jean le Cocher, Pâris le Bohémien* firent la fortune de Bouchardy, dont les drames écrits à la hâte, mais d'une véritable puissance dramatique, captivaient l'âme des spectateurs. Il faut avouer que le dialogue était parfois étrange. C'est dans l'un d'eux que l'on entendait cette phrase qu'a retenue Ludovic Halévy : « Prends pour fuir ce sentier connu de Dieu seul. » Ou encore : « Dieu m'a donné deux armes terribles pour combattre mes ennemis : la fuite et la résignation. »

Th. Gautier disait de lui : « Bouchardy était une puissante individualité, une nature vraiment originale ; il avait au plus haut degré le génie de la combinaison dramatique... Ce qui lui manqua toujours, c'est le style, cet émail qui rend éternelles les œuvres qu'il revêt. Toute proportion gardée, il était à peu près à Hugo ce que Marlowe est à Shakespeare. »

Théâtre des Funambules. — Le grand Deburau.
Ch. Deburau.

Depuis 1830, le nombre des salles de spectacle avait encore augmenté : le *Théâtre Lazari* s'était agrandi, les *Folies-Dramatiques* ouvraient leurs portes le 22 janvier 1831, et dès 1816 l'ancien *Théâtre des Chiens savants*, où jouaient de véritables chiens en costumes du xviiie siècle, marquis à museau noir, duchesses à pattes blanches, mousquetaires à têtes de griffons, était devenu *Théâtre des Funambules*. On y dansait sur la corde, on y jonglait, on y exécutait le « jeu des couteaux et la grande batoude anglaise »; puis on y mêla des *combats à outrance, au sabre et à l'hache*, et c'est une des causes premières du mélodrame en France ! car ces combats eurent un succès fou. Nous reproduisons, d'après le beau livre de J. Janin, *l'Histoire du théâtre à quatre sous pour faire suite à l'histoire du Théâtre Français,* une des affiches à la main de cette époque.

GRAND THÉATRE DES FUNAMBULES

AUJOURD'HUI, PAR EXTRAORDINAIRE
ON DONNERA UNE BRILLANTE REPRÉSENTATION

DU SIÈGE DU CHATEAU

PANTOMIME MILITAIRE ET PYROTECHNIQUE

ORNÉE DE *DÉCORS NEUFS* QUI REPRÉSENTENT UNE *MONTAGNE*
AVEC CHANGEMENT A VUE
TRAVESTISSEMENTS ET MÉTAMORPHOSES
COSTUMES NEUFS AVEC *COMBATS AU SABRE A QUATRE* MARCHES
FANFARES, ÉVOLUTIONS MILITAIRES
ET *EXPLOSION AU TABLEAU FINALE*

Il y aura une représentation à 3 heures — une à 5
une à 7 et une à 9

ENTREZ, MESSIEURS... FAUT VOIR ÇA

Puis, le spectacle se modifia; soudain le succès s'abattit sur ce petit théâtre, et *les Funambules* ne désemplissaient pas. C'est qu'un artiste admirable avait su passionner Paris.

Dans une petite salle, mal éclairée, mal aérée, mal odorante, un acteur était justement acclamé. On venait admirer Pierrot: Pierrot, c'était le beau, le gracieux, le svelte Jean-Gaspard Deburau. « Cet incomparable comédien, écrit Th. de Banville dans ses *Souvenirs*, avait tout ce qu'il faut pour charmer le peuple, car il était peuple par sa naissance, par sa pauvreté, par son génie, par sa

LE BOULEVARD DU TEMPLE VERS 1820.

naïveté d'enfant; mais aussi il répondait au besoin d'élégance et de splendeur qui existe dans les âmes primitives, et il n'y eut jamais duc ou prince qui sut aussi bien que lui baiser la main d'une femme... Les gamins du paradis lui jetaient des oranges et il les ramassait, les mettait dans ses poches avec une joie enfantine, heureux de faire ménage avec eux et de jouer à la dînette, et, la minute d'après, il était un prince dédaigneux, un magnifique don Juan, jouant la scène avec Charlotte et Mathurine, avec une simplicité raffinée qui souvent dut faire réfléchir nos acteurs infirmes et turbulents. » Jules Janin, qui écrivit un livre sur ce grand artiste[1], disait de lui : « Deburau anime le drame en regardant le public ; il y a des événements magiques dont vingt scènes ne pourraient faire comprendre le sens ; il les explique, il les commente, il les éclaircit, et le public est si soudainement illuminé qu'à une des dernières représentations du théâtre des Funambules nous avons vu la salle entière livrée à un rire convulsif, parce que Deburau avait souri. Tout le monde savait qu'il jouait la pantomime. Eh bien ! ceux qui ne l'avaient pas vu demandaient aux autres : « Qu'a-t-il dit ? »

Chacune de ses créations était un succès ; mais, le 17 juin 1846, ce grand comédien — qui fut littéralement adoré par ce public enthousiaste du boulevard du Temple, mourut des suites d'une chute faite dans les dessous du théâtre. Heureusement Deburau laissait un fils, Charles Deburau, qui lui succéda et sut l'égaler. Dès son début sur cette petite scène où Jean-Gaspard avait laissé de si beaux souvenirs, Charles Deburau conquit son public : c'était le même esprit, c'était le même charme, c'était la même grâce agile, et les spectateurs enthousiasmés et reconquis portèrent en triomphe l'heureux débutant jusqu'à son modeste logis.

L'excellent comédien Péricaud, qui ne se contente

---

1. *Deburau et le théâtre à quatre sous.*

pas d'être applaudi doublement, et comme comédien et comme auteur dramatique, car nous lui devons plusieurs pièces charmantes, dont *Madame la Maréchale*, mais qui est — nous avons plaisir à le répéter — un des meilleurs historiographes du théâtre à Paris, nous a donné sur les Funambules

G. DEBURAU DANS SES PRINCIPAUX RÔLES.

un volume aussi précieux que documenté et spirituel. C'est un récit amusant au possible : il y a entre les Funambules et le théâtre de Mme Saqui des rivalités féroces; puis, les troupes se fondent : « Monsieur Saqui », l'époux de la célèbre danseuse de corde, partage en 1823 les fonctions directoriales avec Bertrand et Fabien; mais cet âge d'or n'a qu'un temps : on se sépare bientôt. L'association n'a duré que neuf mois, et un beau jour l'affiche du *Théâtre des Funambules* (les affiches étaient écrites à la main) proclamait la scission; le lendemain, l'affiche de Mme Saqui publiait une verte réponse aux *Cabotins d'à côté*.

C'étaient les Funambules qui triomphaient; mais leur joie n'était pas sans mélange : des règlements draconiens régissaient tous ces petits théâtres, et c'est ainsi que *l'Almanach des Spectacles* — de Barba — pour l'année 1822, nous apprend qu'au théâtre des Funambules « *l'amoureux ne peut prendre part à l'action et vaquer aux affaires de son cœur sans avoir fait préalablement quelques gambades et quelques cabrioles* ».

Frédérick Lemaître — l'illustre Frédérick — qui, comme nous l'avons dit, joua aux Funambules, avait donc été tenu, *de par ordonnance royale*, d'entrer sur les mains, alors que, le 28 décembre 1816, il joua le noble *Comte Adolphe* dans *Evariste ou les Faux Monnayeurs* (pantomime en trois actes, musique de M. Mourat, mise en scène par M. Gougibus aîné). Des entraves étaient apportées à la libre expansion de l'art dramatique.

En 1827, on annonce la première représentation de *Poulailler ou Prenez garde à vous*, pantomime, « arlequinade comique, avec changements à vue et divertissements dans le genre des fêtes de la Courtille »; et sur la première page du manuscrit, soumis à l'autorisation préalable, se lit la note suivante :

« Lue et approuvée pour être jouée au théâtre des Funambules. Lorsque Cartouche et Mandrin sont mis en scène sur les théâtres secondaires,

(Photog. originale.) (Musée Carnavalet.)
CHARLES DEBURAU.

Poulailler, qui est un voleur de troisième classe, peut sans inconvénient figurer aux Funambules. D'ailleurs, le tableau de la fin est moral, mais on ne verra pas la Grève, et Poulailler n'aura pas la figure atroce des brigands de mélodrames : *la figure pâle et les habits sales suffisent.* »

« Paris, ce 29 janvier 1827. »   VAUQUELIN,
                                       Inspecteur des Théâtres.

Les directeurs restreignaient les appointements ; des mesures sévères étaient prises par eux contre le sans-gêne des artistes : la costumière, « Mme Guerpon », recevait la défense de « *donner les pantalons aux acteurs qui manqueraient de bas* » ; il était « formellement interdit de se *servir de l'huile des quinquets pour se démaquiller le visage* ». Dans la salle le public, après s'être invectivé copieusement, se lançait volontiers des épluchures d'oranges et des trognons de pommes à la figure. Une odeur violente d'ail flottait dans l'air. Le peuple s'entassait au paradis et au parterre pour acclamer Deburau et ses camarades, les voir se gifler, se tromper, se faire des niches et, suivant le mot si spirituel de Banville, « recevoir des coups de pieds occultes ». On se disputait, on se battait même, parfois on envahissait les avant-scènes pendant que de galants spectateurs offraient des gâteaux de Nanterre, des chaussons aux pommes, ou des demi-glaces à deux liards le verre à leurs aimables voisines. L'entreprise périclitait quand Laurent aîné, fournisseur attitré du répertoire des Funambules, produisit le Bœuf enragé, « pantomime-arlequinade en douze tableaux dans le genre anglais ». Ce fut un triomphe : plus de deux cents fois de suite, la salle, pleine à craquer, acclama Deburau, et les Funambules connurent d'heureux jours! Il faut lire le scénario du Bœuf enragé pour en comprendre l'énorme folie ; il y a des indications de scène inouïes.

C'est Ch. Nodier qui signala le premier les Funambules à l'admiration

CHARLES DEBURAU.

de Paris, par un article paru dans le Pandore du 19 juillet 1828. Balzac, J. Janin, Th. Gautier, Gérard de Nerval, entraînés par lui, firent chorus, et voilà les Funambules à la mode. Nodier luimême fournit une pantomime, le Songe d'or ou Arlequin et l'Avare, au grand Deburau. Le Directeur de la Bibliothèque de l'Arsenal n'avoua jamais

10*

la paternité de cette œuvre charmante; mais ses amis furent moins discrets que lui. « *Le Songe d'or*, écrit Th. Gautier, est la merveille des plus merveilleuses pantomimes qu'enfanta le cerveau humain. C'est l'adorable imagination de Nodier qui le créa, ce bijou aux facettes diamantées, où les tons nacrés le disputent à ceux de l'étincelante aurore ; et l'ingrat renie une telle fille ! »

En 1829, à la veille du moment où l'épopée napoléonienne va s'épanouir boulevard du Temple, un acteur des Funambules, Victor, remplissait le rôle du Vieux chasseur dans *le Retour* ou *la Fille du vieux chasseur;* ce Victor ressemblait à Napoléon et, de plus, portait un vieil uniforme vert! Fût-ce voulu ou fût-ce par inadvertance? toujours est-il que Victor se met à prendre son tabac dans la poche de son gousset comme le faisait le grand empereur ! Tumulte dans la salle, acclamations, cris séditieux, et Victor est condamné à un mois de prison, pour avoir « endossé un uniforme vert et pris du tabac comme eût pu le faire *l'homme que la pudeur empêchait de nommer* ». Quel émoi dans le théâtre ! Arrive 1830, et la fièvre patriotique envahit tous les cœurs. Les auteurs abandonnent leurs droits, et les artistes renoncent à leurs cachets au bénéfice des blessés de Juillet !

Après 1830, Mme Saqui s'insurgea contre les injonctions — qui lui étaient faites, — de se cantonner dans les limites de son privilège. Elle se rend au faubourg Saint-Antoine à l'heure de la sortie des ate-

Galerie de la Presse.
de la Littérature & des Beaux-Arts

CHARLES NODIER.

liers et invite en masse les ouvriers à se rendre à son théâtre. « Je vous offre une représentation gratuite ! Vive la Liberté ! » — « Vive Madame Saqui ! » — Le lendemain, 1.500 faubouriens envahissaient le boulevard du Temple en hurlant la *Parisienne*, et le gouvernement capitula !

LES THÉATRES DU BOULEVARD DU TEMPLE.

Alexandre Dumas et le Théâtre-Historique. — La première représentation de *la Reine Margot*. — Mélingue et les drames de cape et d'épée.

A. Dumas voulut à son tour posséder « son » théâtre, et c'est boulevard du Temple qu'il le fit élever. Presque toutes les places disponibles étaient prises. Restait l'hôtel Foulon, à l'angle du faubourg du Temple. C'est près de l'emplacement qu'occupe aujourd'hui la station du Métro, place de la République, devant l'*Hôtel Moderne*, que s'éleva bientôt le nouveau *Théâtre-Historique*, qui se trouvait ainsi le premier de la série si pittoresque d'établissements dramatiques groupés boulevard du Temple et qui se poursuivait dans cet ordre : le *Théâtre-Historique*, le *Théâtre-National* (ancien *Cirque-Olympique*), les *Folies-Dramatiques*, la *Gaîté*, les *Funambules*, les *Délassements-Comiques*, le *Lazary*.

ROUVIÈRE DANS LE RÔLE DE CHARLES IX DE « LA DAME DE MONSOREAU ».

En même temps qu'il construisait, Dumas s'occupa de réunir une troupe exceptionnelle, et il y réussit : ses principaux sujets étaient Mélingue, Rouvière, Laferrière, Boutin, Lacressonnière, Clarence, Fechter, Colbrun, Barré, Bignon, Saint-Léon, etc., Mmes Person, A. Bauchène, Lucie Mabire, Lacressonnière, etc. Le 20 février 1847, la toile se leva sur la première représentation de *la Reine Margot*. Cette soirée d'inauguration fut vraiment exceptionnelle. Le public fit queue *vingt-quatre heures* avant l'ouverture du bureau, et la pièce, commencée à *six heures du soir*, ne se termina *qu'à trois heures du matin*, sur le quinzième et dernier tableau de *la Reine Margot*. Dans ses *Historiettes*

ALEXANDRE DUMAS.

et *Souvenirs d'un homme de Théâtre*, Hostein écrit au sujet de cet extraordinaire événement : « Dès dix heures du soir, les porteurs de bouillon commencèrent à circuler parmi les files en permanence ; à minuit, arriva le tour des pains sortant de la fournée ; des marchands du voisinage eurent l'idée de vendre des bottes de paille sur lesquelles on s'étendit voluptueusement. La nuit se passa en fête, en conversations joyeuses : le bon ordre ne fut pas un instant troublé. Par intervalles, des chœurs très harmonieux se faisaient entendre ; l'endroit était éclairé par des centaines de lanternes et de lampions. C'était un spectacle animé et des plus curieux. Au petit jour, eut lieu l'intermède du café au lait accompagné de petits gâteaux tout chauds ; quelques personnes de l'assistance arrêtèrent des porteurs d'eau qui passaient et firent en public les ablutions permises. La nuit et la journée furent le triomphe des charcuteries à l'ail. L'air était saturé de cet arome culinaire. »

Le succès de *la Reine Margot* fut éclatant et consacra la réputation d'un admirable artiste, Mélingue : grand, mince, élégant, de belle tournure, tirant bien l'épée, portant le costume d'une incomparable façon, statuaire habile et modelant en scène avec un vrai talent une *Hébé*, dans *Benvenuto Cellini*, de Paul Meurice, s'incarnant dans chacune des créations qui lui étaient confiées, tour à tour *Chicot* de *la Reine Margot*, ou *Lorin* du *Chevalier de Maison-Rouge*, *Schamyl* ou *Fanfan la*

(D'après une lithographie de Gavarni.)

MÉLINGUE.

Tulipe, *Lagardère* ou *Salvator Rosa*, *Benvenuto Cellini* ou *Méphistophélès*, *d'Artagnan* ou *Catilina*. Mélingue apportait partout et toujours un rare cachet de distinction, une véritable originalité de composition. Lorsque Mélingue jouait, il arrivait au théâtre trois ou quatre heures avant la représentation, se grimait, s'étudiait dans la glace, et chacune de ses créations présentait au public un personnage complet, tout d'une pièce, bien vivant dans le vêtement exact et précis qui devait le compléter. On s'en souvient encore, et Jules Claretie le note dans ses spirituels *Profils de Théâtre*, c'était pour le public un émerveillement que ces prodigieux avatars : « Était-il beau dans *Lucrèce Borgia*, plongé dans son fauteuil, avec son pourpoint de velours et sa barbe blonde; nous le comparions à un vivant tableau du Bronzino. Il fut superbe aussi dans *le Chevalier de Maison-Rouge* en muscadin patriote, le chapeau planté sur l'oreille, l'habit carré et les gants verts, brandissant en guise de bâton un énorme cep de vigne. Et quelle transformation dans le *Cadio* de George Sand et Paul Meurice, lorsqu'après s'être montré en paysan breton timide et rêveur il réapparaissait transformé par la vie de régiment, correct et héroïque dans son mâle uniforme d'officier d'ordonnance du général républicain! »

Pendant vingt ans, Mélingue fut l'idole incontestée du boulevard du Temple ou, mieux, du boulevard du Crime, car c'était le nom populaire, énergique, amusant et pittoresque que les Parisiens

avaient donné à ce boulevard du Temple où, de six heures à minuit, tous les soirs, sur toutes les planches de tous les théâtres, tant de sang était répandu, tant de larmes coulaient, tant d'innocents étaient persécutés, tant d'enfants ravis à leurs mères, sous les yeux mouillés des spectateurs assoiffés d'émotions.

Le Chevalier de Maison-Rouge, qui fut la deuxième œuvre jouée au *Théâtre-Historique*, fut un succès qui surpassa encore celui de *la Reine Margot*. Pendant cent trente-quatre représentations consécutives, chiffre inconnu à cette époque, le public acclama Mélingue qui jouait avec tout son talent, tout son cœur et tout son esprit, Lorin, ainsi que Laferrière et Atala Beauchêne qui faisaient les deux amoureux.

Le Comte Hermann, Pauline, la Jeunesse des Mousquetaires, les Frères Corses, la Guerre des femmes, le Chevalier d'Harmenthal, etc., se succédèrent.

Monte Cristo, qu'Alexandre Dumas donna plus tard, primitivement se joua en deux soirées! C'était un peu long, et Cham, l'amusant et spirituel caricaturiste, consacra deux croquis à cette bizarre innovation. Un homme tout guilleret montait les marches du Théâtre-Historique, le regard vainqueur, le jarret tendu : c'était l'entrée à *Monte Cristo*. Un vieillard chauve, à peu près aveugle, soutenu par deux béquilles, s'éloignait péniblement : c'était la sortie de *Monte Cristo!*

Presque toutes ces pièces réussirent, mais les frais étaient considérables : les événements politiques éloignaient le public du théâtre et, après avoir

LE BOULEVARD DU TEMPLE — 125

CALMANN LÉVY, ÉDITEUR
RUE AUBER, 3, PARIS

PRIX 50 CENTIMES   PRIX 50 CENTIMES

LA JEUNESSE DES MOUSQUETAIRES

DRAME EN CINQ ACTES, EN DOUZE TABLEAUX
AVEC PROLOGUE ET ÉPILOGUE
PAR
MM. ALEXANDRE DUMAS ET AUGUSTE MAQUET

Représenté, pour la première fois, à Paris, sur le Théâtre-Historique, le 17 février 1849, et repris sur le théâtre de la Porte-Saint-Martin,
le 26 novembre 1863.

DISTRIBUTION

PROLOGUE

LE VICOMTE DE LA FÈRE	MM. Clarence.
GEORGES	Gaspard.
L'INCONNU	Gignoux.
GRIMAUD	Didier.
CHARLOTTE BACKSON	Mmes Person.
CLAUDETTE	Louise.

DRAME

D'ARTAGNAN	MM. Matruche.
ATHOS	Clarence.
PORTHOS	Castel.
ARAMIS	Paulin.
BUCKINGHAM	Lafontaine.
LOUIS XIII	Pierron.
LE CARDINAL	Maiu.
ROCHEFORT	Dupuis.
BONACIEUX	Boizar.
LORD DE WINTER	Boulzar.

TRÉVILLE	MM. Beaulieu.
PLANCHET	Bisson.
LE GREFFIER	Castel.
FELTON	Bonnet.
LA BONACIEUX	Georges.
L'Hôte du Colombier rouge	Alexandre.
LA CHESNAYE	Paul.
GRIMAUD	Desiré.
BOISTRACY	Henry Arnaud.
CAHUSAC	Morel.
JUSSAC	
LA PORTE	}
BISCARAT	} Paul.
Le Patron de la barque	}
MILADY DE WINTER	Mmes Person.
ANNE D'AUTRICHE	Atala Beauchêne.
MADAME BONACIEUX	Rey.
KETTY, suivante de la reine	Dufal.
La Supérieure des Carmélites	
BAZIN, MOUSQUETON, PATRICK, DAVID, Un Écuyer, Gardes, Mousquetaires, Domestiques.	

Droits de représentation, de traduction et de reproduction réservés.

11*

lutté avec une admirable énergie, le *Théâtre-Historique* disparut au mois de novembre 1850, après avoir vécu un peu moins de quatre ans, pour reparaître plus tard sous le nom de *Théâtre-Lyrique*.

Le local resté vacant rouvrit ses portes, sous la direction de M. Seveste, qui bientôt passa la main à M. Perrin, directeur de l'Opéra-Comique, lequel assuma un moment les deux directions. Ce fut Roqueplan qui lui succéda, et, enfin, M. Léon Carvalho ; jusqu'à l'époque où la destruction sauvage du boulevard du Temple le fit émigrer place du Châtelet, le *Théâtre-Lyrique* fut justement l'une des gloires artistiques de Paris. C'est au Théâtre-Lyrique du boulevard du Temple que virent le jour *Faust*, *Philémon et Baucis*, le *Médecin malgré lui* de Gounod, *Si j'étais roi* d'Adam, les *Dragons de Villars* de Maillart, la *Statue* de Reyer, la *Reine Topaze* de V. Massé, la *Fanchonnette* de Clapisson, la *Perle du Brésil* de F. David, les *Troyens* de Berlioz ; c'est là que furent joués tous ces chefs-d'œuvre : *Orphée*, *Don Juan*, les *Noces de Figaro*, *Obéron*, *Euryanthe*, *Fidelio*, l'*Enlèvement au Sérail*.

Quel répertoire avait su créer le spirituel, aimable et artiste directeur qu'était Léon Carvalho ! La troupe qu'il avait réunie était digne des œuvres qu'elle avait l'honneur d'interpréter : c'étaient Mmes Viardot, Cabel, Marie Sasse et, enfin, Mme Miolan-Carvalho, la reine des cantatrices, l'artiste la plus complète, la plus parfaite qu'il nous ait été donné d'admirer. Mme Miolan-Carvalho fut Mar-

LE THÉATRE-HISTORIQUE.
(Eau-forte de Martial.)

guerite, Juliette, Mireille, Pamina, Chérubin, Zerline, Fanchonnette, et son talent captivant, ému et charmeur, sut chaque fois réaliser l'idéal rêvé par l'auteur.

A côté d'elle Mme Viardot, qui avait été l'inoubliable créatrice de la Fidès du *Prophète* à l'Opéra, faisait sonner sa grande voix tragique dans l'*Orphée* de Gluck. Mme Cabel égrenait ses notes d'or, ses impeccables vocalises; et puis venaient Mmes Ugalde, Miramon, Girard, plus tard Mlle Ducasse, qui devait créer si spirituellement le page charmant de Roméo.

Les artistes hommes s'appelaient : Barbot, le créateur de Faust; Montjauze, excellent comédien, doué d'une voix charmante et mari d'une écuyère célèbre qui, si l'on en croit A. Pougin, toujours si parfaitement documenté sur les choses du théâtre, le menait à la cravache; Michot, qu'un dilettante avait découvert au café Moka, un infime concert de la rue de la Lune; Bosquin, que nous devions plus tard applaudir à l'Opéra; Ismaël, Meillet; Balanqué, qui devait avoir l'honneur de créer Méphistophélès du *Faust* de Gounod. Ce *Faust*, dont les représentations font encore aujourd'hui le maximum à l'Opéra, n'obtint — chose inouïe ! — aucun succès à la première représentation. Seuls, le chœur des soldats et la valse du premier acte plurent quelque peu. Le nom de Gounod fut sifflé. Ce n'est que grâce à la ténacité de Léon Carvalho que ce bel ouvrage fut maintenu sur l'affiche. Gounod ne trouvait pas d'éditeur pour publier sa partition, et il l'offrait pour 6.000 francs!!!

— La critique avait été féroce. Mais Mᵐᵉ Miolan-Carvalho avait la foi ; son courage, son talent, sa

MADAME MIOLAN-CARVALHO,
RÔLE DE MARGUERITE DE « FAUST ».

virtuosité finirent par gagner la partie, et *Faust*, amputé de plusieurs morceaux qui, paraît-il, faisaient longueur, commença sa glorieuse carrière.

Toutefois et malgré tant de talent dépensé, tant de succès obtenus, tant d'efforts artistiques réalisés, Léon Carvalho, après cinq ans de luttes, dut se retirer, accablé sous de trop lourdes charges, et M. Réty lui succéda, sans grand succès. Les directions succédaient aux directions. On essaya de tout, — on y joua *le More de Venise*, d'Alfred de Vigny, et Glatigny s'y montra sous la toge d'un sénateur! — Enfin, quelque temps avant la démolition, Brisebarre y fit représenter, avec un grand et justifié succès, *Léonard* ou *les Égoutiers de Paris*. Léonide Leblanc y était adorablement jolie. Quant à Brisebarre, il donnait ses rendez-vous d'affaires sur scène, pendant un acte exigeant un nombreux personnel : ça lui faisait de la figuration gratuite... dans l'argot des théâtres, cela s'appelle des « têtes à l'huile ! »

BOULEVARD DU TEMPLE

Les Folies-Nouvelles. — Hervé, le compositeur toqué. — Le théâtre Déjazet. — Sardou et M. Garat. — La mort du boulevard du Temple.

Les théâtres occupaient presque uniquement le côté droit du boulevard du Temple ; quelques établissements dramatiques se rencontraient encore sur le côté gauche, et aussi des cafés où des instrumentistes, des chanteurs, des acrobates mettaient une note artistique et divertissante ; enfin une petite salle avait été ouverte qui devait survivre à tous ses grands voisins. En 1852, un nommé Mayer loua, rue de Vendôme, un établissement de bains ayant une entrée sur le boulevard et y ouvrit un bal. L'entreprise périclitait, lorsqu'en 1854 un artiste plein de talent, de fantaisie cocasse, abracadabrante,

Hervé, y adjoignit une série de petits spectacles d'un genre tout nouveau : c'étaient des opérettes folles, des saynètes inouïes de drôleries, un mélange de parodie, d'aliénation mentale et du plus spirituel talent musical. On nomma les *Folies Mayer* ce bizarre petit théâtre construit sur l'ancien Jeu de Paume du comte d'Artois. La salle d'ailleurs est restée ce qu'elle fut jadis, et l'on retrouve facilement l'ancien « carré » du jeu si cher au frère de Louis XVI.

Adolphe Brisson, dans le charmant volume *l'Envers de la Gloire*, nous a conté avec son esprit habituel l'histoire du berceau de l'opérette, ces *Folies concertantes* qui devaient plus tard devenir les *Folies Nouvelles*. Théodore de Banville avait rimé le prologue d'ouverture en des vers exquis :

> ... Dans notre parc aérien
> S'agite un monde qui n'a rien
> Vu de morose.
> Bouffons, que l'amour pour son jeu
> Vêtit de satin rayé, feu
> Bleu ciel et rose.
>
> Notre poème fanfaron,
> Qui dans le pays d'Obéron
> Toujours s'égare,
> N'est pas plus compliqué vraiment
> Que ce que l'on songe en fumant
> Un bon cigare.

Le répertoire, toutefois, s'éloignait de ce prologue musqué, pimpant et talon rouge. C'était un composé de folies, de coq-à-l'âne, de calembredaines. *Le Chameau à deux bosses, le Duo impossible* allèrent

(Lithogr. de Gavarni.)
THÉODORE DE BANVILLE.

aux nues. Dans un *Drame sous la Terreur* un condamné emportait sa tête sous son bras, et ses com-

12

pagnons de s'écrier : « Cet animal va nous faire remarquer. Porter ainsi sa tête ce n'est pas l'usage! »

Dans *Agamemnon*, voici quelques-uns des vers que déclamait Hervé. Ils sont typiques.

> Je suis Agamemnon, je règne sans partage ;
> Je me nourris de pain, de beurre et de fromage ;
> Potage, comme rime, eût été plus heureux,
> Mais je suis maître ici et fais ce que je veux.
> Déjà plusieurs sujets ont occupé mes vues :
> On se plaint de la crotte, il faut paver les rues ;
> Peut-être il vaudrait mieux empêcher de pleuvoir.
> Mais, hélas! jusque-là ne va pas mon pouvoir.
> Si je ne craignais pas de courir quelque risque,
> Je ferais bien aussi redresser l'obélisque.

Et l'on écoutait ces folies en suçant des sucres d'orge à l'absinthe, la spécialité de la maison !

Hervé, ancien organiste de la maison d'aliénés de Bicêtre, musicien, librettiste, auteur et régisseur, donna encore un grand nombre d'œuvres qui presque toutes réussirent : *Don Quichotte et Sancho Pança*, *le Compositeur toqué*, *le Sire de Framboisy*, *Agamemnon ou le Chameau à deux bosses*, etc., et cette petite scène prit le nom de *Folies-Nouvelles*. C'était pimpant, spirituel et charmant. A. Pougin, sortant à peine du Conservatoire, y tenait le bâton de chef d'orchestre ; les artistes s'appelaient Paul Legrand, Joseph Kelm, José Dupuis ; et les musiciens : Laurent de Rillé, Pilati, Melesville fils... Le public apprenait le chemin de ce gentil théâtre qui changea de nom et devint définitivement le

Théâtre Déjazet, le jour où la délicieuse artiste y ap-

MADEMOISELLE DÉJAZET.

parut, en 1859, sous la direction de son fils. Elle y joua avec un égal succès la comédie, l'opérette et le vaudeville et eut cette gloire d'en ouvrir les portes à Victorien Sardou à l'époque de ses débuts.

Il faut lire le récit charmant qu'avec tout son esprit et tout son cœur Sardou a donné de sa première entrevue avec Déjazet. Dans un précieux et documenté volume consacré au maître, M. Hugues Rebell nous raconte que Sardou, découragé, attristé de la chute de *la Taverne des Étudiants*, s'étant vu refuser un *Bernard Palissy* à l'Odéon, et *Paris à l'Envers* au Gymnase, commençait à perdre courage. Un ami lui conseilla d'aller voir Déjazet et de lui soumettre un *Candide*, adaptation du conte délicieux de Voltaire... « C'est le dernier espoir, bien chanceux, raconte Sardou ; mon *Candide* sous le bras, je pars pour Seine-Port où habitait Déjazet. Que de réflexions le long de la route ! Ce chemin-là, combien d'autres et dans les mêmes intentions l'avaient dû faire avant moi sans autre effet que de se rendre importuns ! Pourquoi serais-je plus heureux ?

« A Cesson, où l'on descend, pas d'omnibus. Mais, renseignements pris, j'en avais pour trois quarts d'heure à peine d'une marche facile à travers les bois. D'ailleurs un temps radieux : un soleil !... J'ai gardé le souvenir de ce soleil-là, le premier qui ait lui sur ma route !... Un enfant m'indiqua la demeure de Déjazet. Dieu sait avec quel battement de cœur j'y sonnai. Personne ne vint et je remarquai que la grille n'était pas fermée. Tout semblait s'ouvrir devant moi comme au coup de baguette d'une fée. Une servante à tête blonde me cria de loin en souriant (elle aussi) : « — Entrez dans le salon, je vais prévenir Madame qui est au jardin... » une porte s'ouvrit derrière moi. Je me dis : « C'est elle », et, ramassant tout mon courage pour lui débiter le petit discours préparé sur la route, je me retournai et demeurai coi, la bouche ouverte, muet comme un poisson. Elle avait les mains pleines de plâtre, ce qui me désorientait ; je ne m'étais pas attendu à cela. Elle vit ma stupeur et me dit en riant : « Pardon, j'étais occupée à réparer un mur !... » La glace rompue, je ne sais trop ce que je dis... Je présentai assez heureusement

MADEMOISELLE DÉJAZET :
« BONAPARTE A BRIENNE ».

mon *Candide*, en faisant ressortir, on le pense bien, ce qu'il y aurait de plaisant à voir collaborer Voltaire et Déjazet ; je déposai mon manuscrit sur la table, je serrai ses *blanches* mains, et je pris la fuite sans me retourner... Une voix secrète me disait : « Le charme est rompu, ton heure est arrivée », et ma jeune chance, emprisonnée jusque-là, brisait sa coquille et, pour la première fois, battait de l'aile... Je courais, je volais, je franchissais les fossés tout pleins (je crois les voir) de gros bouillons blancs et de fleurs des champs dont je fis une moisson que je rapportai pieusement. Il y a de cela bien des années et leur parfum dure encore ! »

Déjazet accepte de jouer *Candide* et l'offre à ses directeurs. MM. Cogniard (elle était alors pensionnaire des Variétés, qui refusent la pièce comme trop coûteuse à monter. Déjazet prie alors Sardou de lui faire une comédie en trois actes d'après un scénario de Vanderbuch, *les Premières Armes de Figaro*. « J'accepte, répond Sardou, à la condition d'écrire seul la pièce. » Déjazet la lit aux frères Cogniard ; nouveau refus,

(Coll. H. Lecomte.)
MADEMOISELLE DÉJAZET
DANS LA « DOUAIRIÈRE DE BRIONNE ».

et Déjazet de répondre : « Vous refusez aujourd'hui les pièces de ce jeune homme; c'est lui plus tard qui refusera de vous en donner, et il aura bien raison. » Et les événements ont confirmé ce pronostic. Peu après Déjazet prenait possession de la petite salle du boulevard du Temple. Ce furent *les Premières Armes de Figaro* qui inaugurèrent le *théâtre Déjazet*, le 27 septembre 1859, et c'est Sardou lui-même qui, dans le trou du souffleur, souffla la pièce à sa charmante interprète, qui n'avait confiance qu'en lui. « Il n'y a que Sardou, disait-elle, qui sache exactement l'endroit où la mémoire me fait défaut. » C'était un pastiche de Beaumarchais — (ce Beaumarchais dont l'hôtel délabré subsistait encore à quelque cents mètres du boulevard du Crime), — mais si spirituellement, si habilement fait qu'il semble qu'en plusieurs passages c'est la phrase même, spirituelle, incisive, captivante du maître que le public ait eu à applaudir.

MADEMOISELLE DÉJAZET
DANS « M. GARAT ».

Voici une citation qui permettra de juger de quelle étonnante manière Sardou continue Beaumarchais. Figaro (c'était M{}^{lle} Déjazet), chassé par le barbier Carasco, se demande ce qu'il va devenir, et revit ses précédents avatars « ... Je m'engage dans une troupe de comédiens ambulants... Comédie, opéra, ballets, décors, costumes, machines, régie, contrôle et cuisine, c'est moi qui fais tout, qui veille à tout, qui produis tout... L'entreprise prospère... Un alcade imbécile, pour ne pas le distinguer des autres, voit la pièce, se reconnaît dans un personnage idiot, saisit la baraque, emprisonne la troupe et me menace des galères; je m'évade par miracle,... je passe en France, pays poli, policé, un peu polisson, où ma verve se ranime... et me voilà d'où je suis parti! — Mais, vive Dieu! la fertilité d'esprit et la belle humeur qui m'ont soutenu jusqu'ici ne sont pas pour me délaisser dans une telle crise, et lancé dans l'air comme un petit écu qui se demande en tournant s'il tombera pile ou face... je rends grâce à la nature qui m'a fait d'un métal à résonner toujours sur le pavé!... »

N'est-ce pas charmant?

Et cette autre appréciation sur l'immortel Bridoison : « Hélas! il a l'esprit d'être bête, ce qui par tous les temps est moins bête que d'avoir de l'esprit. » Vanderbuch a dû être bien étonné en relisant *sa* pièce, alors que Sardou l'eut *récrite!*

Le 30 avril 1860, *M. Garat* obtient le plus grand,

le plus mérité succès. La comédie commence à Paris en 1795 dans un poste de gardes nationaux. Les hasards d'une râfle de sectionnaires y rassemblent l'illustre Garat, le chanteur à la mode, l'impertinent Garat qui aux concerts Feydeau s'était arrêté court pour dire à une dame prenant bruyamment une glace : « Je n'ai pas pour habitude de chanter avec accompagnement de cuiller », et l'illustre Vestris, le dieu de la danse, un parfait imbécile, vaniteux, fat et niais à plaisir.

MADEMOISELLE DÉJAZET, DANS « M. GARAT ».

Elle se termine chez Mme Duhamel, une parvenue, dans une soirée où se coudoient les muscadins, les fournisseurs aux armées, les nymphes et les merveilleuses, les émigrés et les conspirateurs sous l'œil imposant du prétentieux Deshoulières, secrétaire du directeur Barras. C'est un petit chef-d'œuvre d'esprit. Déjazet y triompha ; elle n'était cependant plus jeune, à en croire son acte de naissance, et, pourtant, elle avait absolument l'air, l'allure et la tournure galante d'un muscadin de vingt-trois ans. Il nous souvient, tout enfant, d'avoir vu, vers 1870, cette charmante actrice interpréter ce rôle exquis, et l'impression en est restée inoubliable. C'est que Déjazet était le charme même ; son art parfait lui avait permis de se transformer sans vieillir, et le secret de son éternelle jeunesse c'était sa souple désinvolture et l'éclair si fin de son œil spirituel ; c'était son pied charmant, ce pied célèbre qui avait inspiré ces vers amusants :

>   Quand ce bijou, quand cet amour
>   Se glisse dans le bas à jour,
>   C'est une joie
>   De voir folâtrer et courir
>   A travers le réseau de soie
>   Sa veine où coule le saphir.
>   Puis il babille,
>   Marche et frétille
>   Et fait craquer son brodequin
>   De satin !

Au Théâtre du Palais-Royal, où elle fit la plus grande partie de sa carrière et où nous la retrouverons plus tard, elle avait laissé les plus profonds regrets, et le public reconnaissant aimait et admirait cette charmante femme, la plus spirituelle artiste de Paris. A côté de Déjazet, parut dans

LE BOULEVARD DU TEMPLE

(Eau-forte de Martial.)

M. *Garat* un acteur fin, amusant, à l'air à la fois narquois, candide et malin, José Dupuis, que nous verrons bientôt faire aux *Variétés* du boulevard Montmartre une admirable carrière; José Dupuis jouait Vestris, type de sottise et d'infatuation, et rien n'était plus drôle que de voir ce grand benêt s'ébattre comme un pantin au milieu de l'intrigue si finement ourdie par Garat, — Vestris battant un entrechat en tombant par la cheminée dans un corps de garde de sans-culottes, Vestris s'asseyant sur le perroquet adoré d'une merveilleuse, Vestris conspirateur!

(Coll. de M. L. Halévy.)
L'ACTEUR BACHE.

Deshoulières était représenté par un acteur stupéfiant, un type étrange; son portrait, dernièrement, nous tombait sous les yeux chez Ludovic Halévy : une tête hautaine, violente, sévère, avec une sorte de rictus mauvais. Le masque d'un doctrinaire de l'école de M. Guizot, retouché férocement par Daumier, se dressait au-dessus d'une cravate blanche de tabellion; un gilet de quaker, un habit noir haut boutonné, un pantalon à plis, des souliers lacés complétaient cette bizarre silhouette; et ce sinistre personnage c'était le comique Bache, Bache aux plaisanteries macabres, Bache qui, plus tard, ayant usurpé les fonctions de commissaire de police dans une affaire de rapt d'enfant, était amené au théâtre, le soir, entre deux agents de la sûreté, pour jouer, dans *Orphée aux Enfers*, son rôle du roi de Béotie; Bache, qui, après le spectacle, partait muni d'une lanterne sourde et

(Coll. H. Lecomte.)
MADEMOISELLE DÉJAZET
DANS « LE Vte DE LÉTORIÈRES ».

couvert d'un long manteau brun, — et, comme Ludovic Halévy s'étonnait de ce dramatique accoutrement, Bache l'invita le plus gracieusement du monde à l'accompagner dans son expédition; il allait chasser les rats dans les rigoles qui, à cette époque, amenaient les eaux ménagères aux ruisseaux : « Venez donc, ajoutait-il d'un air engageant, je connais des coins merveilleux du côté de la rue Mouffetard ; j'en *fais* jusqu'à cinq ou six gros par nuits ! » Bache enfin, dont le tutoiement irrévérencieux avait empoisonné les vieux jours de l'académicien Ancelot qui, dans le brouhaha d'une répétition, avait eu l'imprudence d'indiquer une rapide passade au comédien en lui disant : « Sors par la gauche. » « Comme tu voudras, je n'ai rien à refuser à un vieil ami comme toi », avait répliqué Bache ; et, depuis ce jour fatal, ce Bache, effrayant, falot, bouffon et sinistre, apparaissait inexorable et familier au correct et pusillanime académicien. C'était lui qui jouait Deshoulières et qui, si plaisamment, à tout ce qu'on lui disait, laissait tomber de sa haute cravate blanche cette éternelle réponse : « Ne sais pas... trop absorbé... le Gouvernement... l'État... la France ! »

MADEMOISELLE DÉJAZET,
« GENTIL BERNARD ».

Oh ! la jolie, la charmante soirée !

En 1861, Déjazet reprend quelques-uns de ses meilleurs rôles.

Enfin, le 24 avril 1862, un grand succès vient égayer le petit théâtre : on y donne la première représentation des *Prés Saint-Gervais*, de V. Sardou, deux tableaux pleins d'esprit, de verve, de jeunesse et d'entrain. Déjazet y fut exquise. Elle y jouait le prince de Conti, et jamais elle n'avait été plus jeune, plus spirituelle, plus étincelante ; elle

MADEMOISELLE DÉJAZET,
« LA DOUAIRIÈRE DE BRIONNE », 1ᵉʳ RÔLE.

dansait et chantait à ravir les plus jolis couplets du monde. Ce fut un triomphe, et, sous une pluie de fleurs, Déjazet présenta l'auteur au public ravi.

Un dernier souvenir sur le boulevard du Temple : c'est sur l'emplacement occupé jadis par le bal de Paphos, que vers 1869 les prestidigitateurs Robin, Clevermann et les frères Davenport exécutèrent pour la première fois leurs amusantes expériences de magie blanche, avec les apparitions de spectres, les armoires où des hommes attachés, liés, ficelés, cachetés, pour ainsi dire, faisaient de la musique, jouaient de la guitare, frappaient des tambours de basque, heurtaient des chaises, enlevaient leurs vêtements, jetaient des fleurs et réapparaissaient, aux yeux des spectateurs ahuris, débarrassés des liens compliqués dont on les avait étroitement enveloppés.

Ces expériences ont été depuis maintes fois répétées ; mais, à cette époque, on ne saurait croire combien elles avaient impressionné Paris. C'est la dernière attraction qu'offrit le boulevard du Temple : des faiseurs de tours, des escamoteurs ! Il avait été escamoté lui-même par le farouche décret du baron Haussmann.

En 1862, le *boulevard du Crime* était supprimé, les théâtres dispersés. Ce fut un deuil pour Paris qui, depuis si longtemps, aimait ce coin charmant, où de générations en générations on avait connu ce plaisir délicieux, cet oubli des heures mauvaises, ce réconfort, cette leçon d'art, cet amusement : le théâtre.

Les directeurs, les artistes, les machinistes, les figurants, les danseuses, les habilleurs, les claqueurs, tout ce petit monde qui vit du théâtre est consterné ; les Parisiens se désolent, on pétitionne, on proteste : rien n'y fait, et l'impitoyable préfet maintient sa décision. De tous côtés ce sont des adieux émus au public ; les affiches de « Matériaux à vendre » sont placardées partout, les théâtres annoncent leurs dernières représentations, les cafés se ferment.

DÉMOLITION DU BOULEVARD DU TEMPLE.

Le 15 juillet 1862, à minuit, la dernière heure du boulevard du Temple a sonné :

Voici le programme des spectacles de Paris, à cette date fatale :

Opéra : Relâche. — *Comédie-Française,* 7 heures : La Fiammina; Corneille à la Butte Saint-Roch ; les Projets de ma tante. — *Opéra-Comique,* 7 heures : Haydée; les Noces de Jeannette. — *Gymnase,* 6 heures : les Maris à système ; un Fils de famille ; Après le bal. — *Vaudeville,* 7 heures : la Volonté de mon oncle ; le Petit-Fils ; les Absences de Monsieur. — *Variétés*, 8 h. 1/4 : une Semaine à Londres. — *Palais-Royal,* 8 heures : les Noces de Bouchencœur ; Danaé et sa bonne ; la Chanson de Fortunio ; un Jeune homme qui a tant souffert. — *Porte-Saint-Martin*, 7 heures : les Étrangleurs de l'Inde.

— *Gaîté*, 7 h. 1/2 : le Canal Saint-Martin. — *Déjazet* : les Mystères de l'été. — *Ambigu-Comique*, 6 h. 3/4 : les Filles de marbre. — *Les Funambules*, 5 heures et 8 heures : les Mémoires de Pierrot; Pierrot sur le Bitume ; As-tu vu les Javanais? — *Folies-Dramatiques*, 7 h. 3/4 : les Adieux du Boulevard du Temple !

Cette dernière pièce, qui ne vaut que par les circonstances, était ainsi présentée :

LES ADIEUX DU BOULEVARD DU TEMPLE

PIÈCE FANTASTIQUE EN TROIS ACTES ET QUATORZE TABLEAUX

Précédée de "LES ENFANTS DE MOMUS", prologue en 2 tableaux

PREMIER ACTE. — La foire Saint-Laurent en 1750.

DEUXIÈME ACTE. — Le boulevard du Crime en 1830.
Le Souterrain du Crime ou le Caveau du Remords.

TROISIÈME ACTE. — Le Châtiment de Momus.
Le boulevard du Temple en 1861.
Le boulevard du Prince-Eugène. — Apothéose.

Par M. HENRI THIERY. *Représentée pour la première fois sur le Théâtre des Folies-Dramatiques le 7 décembre 1861.*

La scène s'ouvrait par un chœur que chantaient les théâtres du *Cirque*, la *Gaîté*, le *Lyrique*, les *Délassements*, les *Funambules*, le *Lazari* sur l'air *Quel désespoir*.

> Quel déplaisir !
> Bientôt notre vie
> Est finie.
> Quel déplaisir !
> Bientôt l'on va nous démolir !

Et le *Boulevard du Temple*, représenté par la jolie Mme Leroyer, leur répondait sur un *air nouveau de M. Mangeant* :

> Le boulevard du Temple de nos pères
> Dans quelques jours doit être démoli.
> Rires, chansons, cafés, pleins de lumières,
> Tout maintenant va rentrer dans l'oubli...
> C'est l'ancien boulevard de la Foire
> Au bon vieux temps de Piron, de Collé,
> Lorsqu'ils venaient parmi nous, après boire,
> Chercher leur muse au bonnet chiffonné.
> Lieux adorés de chansons et de fêtes,
> Où Desaugiers, Brazier, Vadé, Panard,
> Tambour battant, la gaudriole en tête,
> Avaient planté leur joyeux étendard...
> N'oublions pas que ce fut la patrie
> Du blanc Pierrot, ce muet immortel,
> Jocrisse aussi vint y passer sa vie
> Avec Paillasse, avec Cadet Roussel.
> Galimafré, Bobèche ou bien Jocrisse
> Sur leurs tréteaux appellent les passants
> Et puis Jeannot fait faire l'exercice
> A des lapins, à des singes savants...
> Mais tout est dit, inclinons notre tête,
> Chantons du moins cet ami trépassé,
> Et que ce jour soit encore jour de fête
> Pour terminer comme on a commencé...

Dans les théâtres et autour des théâtres, on liquide. — M. Harel, directeur des *Folies-Dramatiques*, reçoit 231.000 francs d'indemnité; M. Huet, directeur du *Petit-Lazari*, 440.000 francs ; M. Doutrevaux, propriétaire des *Funambules*, 580.000 francs; M. Lahis, propriétaire de la *Gaîté*,

1.800.000 francs; enfin, M. Huret (limonadier du *Cirque*) reçoit 250.000 francs d'indemnité ; M. Pinet (limonadier des *Folies-Dramatiques*), 120.000 francs, etc... Tout le monde est content jusqu'au sieur Bressort — dit le Père la Tripe — fournisseur attitré des titis, auxquels il vendait le gras double les saucisses, les andouilles et le cervelas à l'ail qui constituaient leur habituel souper, qui touche la forte somme et empoche 30.000 francs d'indemnité.

C'est au café Planchet, où se réunissaient tous les artistes de tous ces théâtres, que V. Sardou se rappelle y avoir connu un nommé Caron, régisseur ou employé du Théâtre-Historique, fils d'un gardien de la prison du Temple, lors de la détention de la famille royale ; ce Caron racontait que le Dauphin avait été enlevé ; son père, qui le lui avait assuré, avait été appelé deux fois aux Tuileries sous la Restauration : la première fois il en était rentré soucieux, et la seconde fois il n'avait pas reparu... Sardou n'a jamais pu vérifier ces souvenirs.

La *Gaîté* émigra au square des Arts et Métiers ; les *Folies-Dramatiques*, rue de Bondy ; le *Théâtre-Lyrique*, place du Châtelet, comme le théâtre du *Cirque-Impérial ;* les *Funambules* disparurent définitivement, car je ne saurais que noter une fugitive tentative de survie boulevard de Strasbourg. Les *Délassements* réouvrirent rue de Provence ; et le *Petit-Lazary* succomba.

Depuis, le boulevard du Temple est un endroit

triste, bourgeois et quasi provincial. Qui pourrait croire, à voir ses larges chaussées désertes, qu'il y

LE CAFÉ PLANCHET, BOULEVARD DU TEMPLE.

a quarante ans à peine c'était le coin le plus bruyant, le plus agité, le plus vivant de Paris : huit mille personnes envahissaient dès six heures du soir les guichets de tous ces théâtres ; des centaines de spectateurs faisaient la queue devant les contrôles, entre de longues barrières de bois ; les équipages se succédaient d'où sortaient de jolies femmes en élégantes toilettes.

Dix cafés, vingt comptoirs de vin ne suffisaient pas à leur clientèle ; les marchands de coco, les marchandes d'oranges, de berlingots, les vendeurs de programmes, les placeurs de contre-marques glapissaient leurs boniments ; les titis massés aux portes acclamaient à la sortie les Mélingue, les Frédérick Lemaître, les Déburau, les Marie Dorval, les Clarisse Miroy... On se bousculait pour serrer la main à « Monsieur Colbrun », saluer Boutin ou voir passer Léontine, la *Chonchon* de *la Grâce de Dieu*. On guettait la sortie d'Ameline, ce géant qui, dans les pièces du Cirque, jouait sans concurrence possible les « tambours-majors », et cet Ameline, contraste stupéfiant, avait pour « amie » une naine : Carolina la Laponne, qu'il ramenait chaque soir dans ses bras, comme une enfant.

Un industriel louait, *mille francs* par an, une armoire au théâtre du Petit-Lazari, pour y entasser par milliers les chaussons aux pommes aimés des titis. Cette armoire passait près du tuyau de cheminée du théâtre, et les chaussons — tenus au chaud — étaient toujours là, tout prêts à être dévorés !

Les bouquetières apportaient des bottes de fleurs et des billets doux à toutes les jolies filles qui peuplaient ces vieux théâtres enfumés; les amoureux impatients, pâles et nerveux, guettaient la sortie des actrices adorées; on applaudissait, on sifflait, on criait, on dansait, on se battait et l'on pleurait; on vivait enfin, et M. Prudhomme tonnait contre l'immoralité du siècle : c'était charmant !

L'autre soir, à la nuit tombante, j'ai voulu revoir ce qui fut le *boulevard du Crime :* quatre maisons subsistent à gauche, en retrait (n°s 42, 44, 46, 48), qui en indiquent l'ancien tracé, et c'est tout; rien, absolument rien, ne permet de retrouver la moindre trace de tout ce grand passé d'art, et, à l'endroit même où, pendant de si longues années, Paris passionné s'enthousiasma aux belles œuvres dramatiques qui l'émurent ou le divertirent, sur l'emplacement où tant de nobles artistes interprétèrent de si belles œuvres, firent battre tant de cœurs, excitèrent tant de passions, sur les trottoirs boueux, deux camelots chantaient quelques couplets orduriers repris en chœur par quatre trottins, cinq gamins, trois militaires, une bonne d'enfants et un petit pâtissier.

THÉATRE DE L'AMBIGU COMIQUE

LES THÉATRES DES BOULEVARDS

L'AMBIGU. — LA PORTE-SAINT-MARTIN.
LES FOLIES-DRAMATIQUES. — LA RENAISSANCE.
LE GYMNASE. — LES VARIÉTÉS.

L'AMBIGU

L'Ambigu, boulevard Saint-Martin. — *Les Mousquetaires.* — *Le Juif-Errant.* — L'acteur Machanette. — *Le Crime de Faverne* et Frédérick Lemaître. — L'Ambigu pendant le siège de Paris. — *Spartacus.* — *Une Cause célèbre.* — *L'Assommoir.* — *L'As de Trèfle.* — *Les Deux Gosses.*

Après avoir été dévoré par l'incendie, le 13 juillet 1822, au boulevard du Temple, l'*Ambigu*, comme tant d'autres théâtres, comme la *Gaîté*, comme le *Cirque*, comme le *Lazary*, comme les *Délassements-Comiques*, renaquit de ses cendres; toutefois, l'autorité exigea sagement que de meilleures précautions fussent prises à l'avenir : ce théâtre devait être isolé et, comme l'espace manquait sur le boulevard du Temple, on fit choix d'un terrain situé près de ce boulevard, dans son prolongement, de l'autre côté de la fontaine du Château-d'Eau, à l'angle de la rue de Lancry, entre le boulevard Saint-Martin et la rue de Bondy. On démolit *l'hôtel Murinais*, et c'est sur son emplacement que les architectes Hittorf et Lecointe construisirent une belle salle pouvant contenir 2.000 spectateurs ; les travaux coûtèrent près de 1.350.000 francs et, le 8 juin 1828, l'*Ambigu* fut ouvert au public. Émile de Labédollière donne la nomenclature de quelques-unes des pièces qui y furent jouées à partir de 1830, sans laisser d'autres souvenirs que leurs titres : *le Festin de Balthazar*, *l'Officier bleu* de Paul Foucher, *le Facteur*, de Desnoyers, *Nabuchodonosor*, *Glenarvon*, de Mallefille. En 1832, Frédérick-Lemaitre et Serres, qui jouaient à la Porte-Saint-Martin *Robert Macaire et Bertrand*, furent cités en justice par le directeur de l'Ambigu pour *usurpation de costumes*, nous apprend Ch. Maurice dans son *Histoire anecdotique* ; le directeur de l'Ambigu prétendait que *la propriété morale, le poème* de ces costumes appartenaient à *son* théâtre ; or, la valeur marchande de ces deux ignobles défroques fut fixée à *deux francs quarante*, et cette petite cause célèbre amusa fort Paris pendant quelques heures.

Les drames succèdent aux drames : *Argo*, de

Félix Pyat, en 1835 ; *Héloïse et Abeilard*, d'Anicet

(Coll. H. Lecomte.)

FRÉDÉRICK LEMAITRE ET SERRES, DANS L' « AUBERGE DES ADRETS ».
(Porte-Saint-Martin, 1832.)

Bourgeois et Cornu ; enfin, le 14 janvier 1837, *Gas-*

pardo le Pêcheur, de Bouchardy, obtint le plus éclatant succès et tint l'affiche pendant des centaines de représentations : c'était très fou, très alerte, très prenant, très palpitant ; puis viennent *le Naufrage de la Méduse* avec une mise en scène des plus dramatiques, imitée du célèbre tableau de Géricault, et *Lazare le Pâtre*, autre grand succès de Bouchardy ; *Paris la Nuit*, de Cormon ; *Paul et Virginie*, *les Bohémiens de Paris*, de Dennery et Granger ; enfin, le 16 octobre 1846, *la Clòserie des Genêts*, de Fr. Soulié, une œuvre vraiment forte et portant parfois trace du meilleur génie dramatique.

Le 27 octobre 1845, A. Dumas avait donné à l'Ambigu *les Mousquetaires*. Tout Paris se pressait pour voir vivantes les figures du roman que chacun avait lu et relu avec passion. Charles Ier, c'était Lacressonnière, acteur élégant, émouvant et distingué ; et d'Artagnan, c'était Mélingue, et jamais artiste n'incarna mieux le héros qu'il avait à représenter. Les femmes étaient jolies. Dumas avait mis en scène sa pièce avec toute sa science, tout son goût, toute sa gaieté. Ce fut un triomphe. Puis, se succèdent des pièces historiques : *Louis XVI et Marie-Antoinette*, où l'excellent Féchter, jouant l'élégant duc de Lauzun, qui — dans la pièce — conduisait la berline emportant à Varennes la famille royale, endossait un costume de postillon crasseux dont Paulin Menier dut se souvenir quand il revêtit le carrick de Pierre Chopard, maquignon (dit l'Aimable); *Napoléon et Joséphine, le Roi de Rome*, et des mélodrames à grand spectacle comme *le Juif-Errant*, d'Eugène Sue, où l'acteur Chilly traça une inoubliable silhouette de Rodin.

Théâtre de l'Ambigu. — *Le Maître d'école*, acte II, scène VI. — M. Frederick-Lemaître, le petit Gaston.

Hypocrisie, audace et couardise, fourberie, ambition sans limite, intelligence et ténacité, toute la gamme des folies et des passions humaines était parcourue par ce personnage que Chilly jouait presque sans gestes, avec un regard qui tour à tour se faisait insolent, fourbe, cauteleux, dominateur et violent, la figure glabre, les cheveux plats, comme enroulé dans une longue lévite noire, élimée, crasseuse, minable, ayant au col un chiffon noir tordu en guise de cravate, les souliers éculés aux pieds, sous le bras un inénarrable parapluie, le chapeau à bords plats à la main, le dos rond, courbé, presque effacé, n'ayant de vivant que l'œil bougeur, embusqué derrière ses lunettes bleues. Chilly, puis Paulin Ménier galvanisèrent par leur talent et leur incomparable puissance dramatique cette pièce incohérente, bizarre, énigmatique ; Eugène Sue dut à ses interprètes une longue et fructueuse série de belles représentations.

Ce fut à l'occasion d'un premier *Juif-Errant*, drame fantastique de Merville, que l'Ambigu inaugura un nouveau moyen de publicité en affichant, sur sa façade, un transparent portant le titre de la pièce. Charles Maurice, qui conte le fait, ajoute : « L'imitation ne peut manquer de survivre. Respect à l'inventeur ! » (Octobre 1834.)

Puis on donne *Notre-Dame de Paris*, imitée de Victor Hugo, par Paul Foucher. La pièce n'eut jamais le succès que l'on espérait ; les personnages, intéressants dans le roman, paraissaient au théâtre singulièrement factices. En 1852, *la Case de l'Oncle Tom* réussit, ainsi que *la Prière des Naufragés*, dont le titre est tout un poème.

Enfin Frédérick Lemaître, vieilli, mais toujours admirable, reparaît à l'Ambigu dans *le Maître d'École* de P. Meurice. Dans cette pièce curieuse se rencontrait une scène charmante où Frédérick enlevait la salle. Le maître d'école, M. Everard,

faisait réciter *la Cigale et la Fourmi* à un petit paysan qui, sa fable terminée, se mettait à rire : « Pourquoi ris-tu, petiot ?

— Dame, c'que dit la fourmi, c'est drôle

— Non, c'est mauvais plutôt!... Voyons, il faut donc la laisser mourir de faim, la pauvre petite cigale? Tu l'entends bien dans les champs quand tu passes : elle a ce petit cri que tu ne trouves peut-être pas très joli, mais enfin elle fait ce qu'elle peut, et elle chante toujours. Elle chante en plein midi, quand il fait si chaud ; elle chante la nuit, quand tu dors, toi ; elle chante à tout le monde, aux enfants, aux passants et, quand il n'y a personne, au bon Dieu. Eh bien, parce qu'elle ne sait que ça, chanter l'été, il faut donc qu'elle meure l'hiver? »

Le 21 avril, l'Ambigu donne *la Nuit du 20 septembre*, par X. de Montépin, et, dans l'indication des personnages, se trouve cette dénomination bizarre : « L'idiot (paraissant très vieux) : M. Castellano. »

Le 5 septembre 1856, un drame de Brisebarre et Nus — *les Pauvres de Paris* — obtient le plus vif succès. Paul Meurice, cet esprit charmant, ce fin lettré, compose pour Mélingue son amusant *Fanfan la Tulipe*, et Mélingue est exquis dans ce personnage pittoresque, gai, rieur, bretteur, casseur de cœurs et casseur d'assiettes : c'est un gros succès. Victor Séjour, en 1860, fait jouer *le Compère Guillery*.

Le 20 décembre 1855, nous apprend le très intéressant et très spirituel « *Journal d'un Comédien* de Fr. Febvre de la Comédie-Française[1] ». — Dumas convia le public à assister à la première

---

1. Ollendorf, éditeur.

(Eau-forte de Martial.)

LE THÉATRE DE L'AMBIGU

représentation du *Vampire*. La veille, à la répétition, Dumas s'était levé après le second tableau, mécontent. « Décidément, ce tableau ne vaut rien, il faut le refaire. » Le directeur Chilly, qui voulait passer le lendemain, fit des objections. La pièce est annoncée, la presse est convoquée, ce changement va entraîner un grand retard... « Aucun retard, riposta Dumas. Continuez à travailler sans moi, je vais m'enfermer dans votre cabinet. Il est deux heures ; à cinq heures, tout sera fait ; ce soir, on copiera les rôles ; demain matin, collation à onze heures. A midi, je mettrai en scène. Rien ne sera changé. »

Tout marcha comme Dumas l'avait prévu et, le lendemain, le matin même de la première représentation, à midi, l'on mettait en scène ; et l'auteur, qui n'avait pas eu le temps de déjeuner, dirigeait cette pittoresque répétition, en manches de chemise, tout en dévorant une salade de bœuf à l'huile.

La même année, l'Ambigu donnait une autre pièce au titre également macabre : *la Rose et le Croque-Mort*, cinq actes, de Brisebarre. Le bon gros acteur Laurent y jouait un personnage que la misère amenait à entrer aux pompes funèbres... Mais il n'y restait pas et prenait gaiement congé de cette triste corporation sur ce mot délicieux : « Ils ne sont pas gais... je les lâche... mais je garde l'habit noir... j'y ferai mettre un collet de velours. »

Puis vinrent *le Marchand de Coco*, un gros drame à spectacle où triompha Frédérick Lemaître, et *la*

Maison du Pont Notre-Dame (22 septembre 1860), un mélodrame de Th. Barrière et Henry de Kock,

le fils de ce bon Paul de Kock, le romancier populaire de la bourgeoisie parisienne; c'est dans cette pièce que débuta sur les théâtres du boulevard Frédéric Febvre, qui devait faire une si belle carrière à la Comédie-Française et à qui nous devons de charmants souvenirs spirituels, gais, vivants, où il raconte sa vie de travailleur et d'artiste épris de son art. Machanette jouait le traître.

FRÉDÉRIC FEBVRE
DANS « LA MAISON DU PONT NOTRE-DAME ».

Ce Machanette était un type bien pittoresque, fidèle habitué du « Café du Théâtre », intrépide joueur de bésigue, culotteur de pipes et buveur de bière ; on l'appelait familièrement « Ma Canette ». Il avait tout pour réussir : un beau physique, une tête superbe, une voix tonitruante, et c'est cette voix qui le perdit. Le malheureux hurlait toujours et forçait naturellement le ton ; aussi était-il régulièrement mis à l'écart, ce qui le désolait et l'exaspérait, et il exhalait sa douleur en plaintes amères. « Ah ! les coquins, s'écriait-il, ils s'entendent tous pour m'étouffer. Auteurs, directeurs, artistes, ils savent bien, ces gredins qui se disent mes camarades! mes camarades!!... ils savent bien que je les fourrerais dans ma poche ; aussi s'arrangent-ils toujours pour me faire assassiner au prologue. Oui, c'est toujours au prologue que quelque malheureux

tombe lâchement percé de coups... et ce malheureux c'est toujours moi... On me tue devant les seules ouvreuses, et je ne reparais plus dans la pièce, ou alors je suis spectre et parle derrière une toile métallique... Oh! les gredins! »

Dans *les Quatre Sergents de la Rochelle*, Machanette représentait un bon capitaine qui venait offrir aux prisonniers un moyen d'évasion : « Après le couvre-feu, leur disait-il, la porte sera ouverte, des chevaux vous attendront », etc... Mais, au lieu de dire tout cela à voix basse, il le criait à pleins poumons, si bien qu'un soir un camarade, le bon gros Laurent, qui devait plus tard créer d'inoubliable façon le rôle de Jonas, le sonneur-martyr de *Patrie*, entra dans le cachot et interrompit les hurlements de Machanette en lui disant, plein de gravité : « Plus bas, plus bas, capitaine, on vous entend de la place d'Armes... Heureusement que j'étais seul ! » Et la salle de se tordre.

La *Famille des Gueux* est le début théâtral de Jules Claretie qui avait pour collaborateur un député italien, Pétrucelli della Gattina, rencontré la veille de la bataille de Custozza ; et tous deux avaient porté à la scène la guerre des Flandres et le siège de Flessingue. Théophile Gautier comparait ce drame touffu à un magasin de curiosités artistiques dont on n'aurait pas ouvert les auvents ! Une scène de l'Inquisition : — Paul Deshayes, étranglé dans un in-pace par les familiers du Saint-Office, — fit un gros effet, et aussi un tableau des plus pittoresques, la rupture des digues noyant les Espagnols !

Dans cette *Famille des Gueux*, le bon Machanette jouait le rôle d'un bourgmestre qui avait à dire : « L'Inquisition a brûlé mes mains et je n'ai pas renié mon Dieu. » Le copiste, sur son rôle, avait écrit : « L'Inquisition a brûlé mes *meubles*... » et, gravement, Machanette aux répétitions, avec une conviction profonde, répétait de sa voix de basse-taille (il avait joué la tragédie à la Comédie-Française) : « l'Inquisition a brûlé mes meubles et je n'ai pas renié mon Dieu ». C'était la joie des camarades répétant à côté de lui, Castellano, Dica

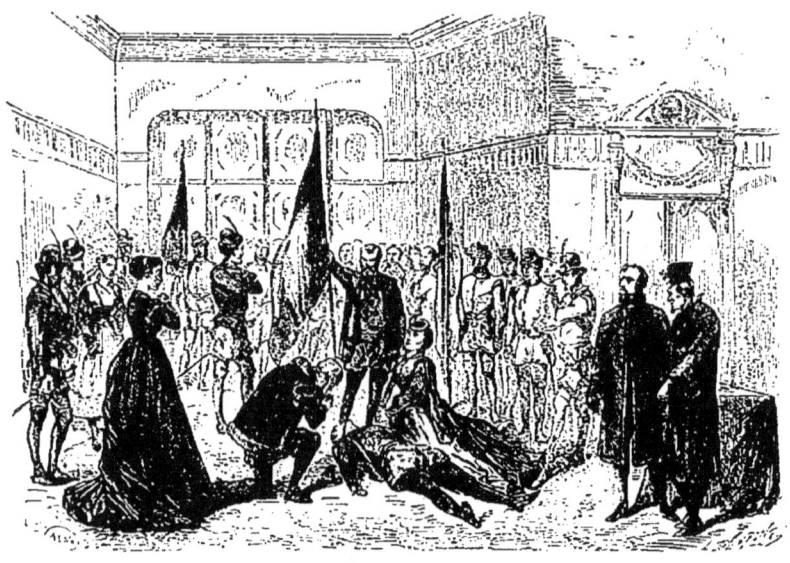

THÉATRE DE L'AMBIGU-COMIQUE. — LA FAMILLE DES GUEUX, drame en cinq actes et sept tableaux, de MM. Jules Claretie et Petruccelli de la Gattina. — Acte V, scène dernière.
Dessin de M. Desroches-Valnay. — Voir la Chronique.

Petit, Régnier (le jeune premier aujourd'hui architecte de monuments funèbres), jusqu'au jour où Claretie, voyant arriver la première représentation, rétablit la phrase primitive au grand chagrin de Machanette qui s'écriait : « C'est dommage !... J'aimais mieux *mes meubles !* C'était plus fort !... »

C'est dans *le Crime de Faverne*, un mélodrame

de Th. Barrière joué en 1868, que, encore enfant, j'ai eu la joie de voir pour la première fois le grand Frédérick Lemaître, dont mes parents, grands amateurs de théâtre, me parlaient toujours avec un si complet enthousiasme. C'était, à cette époque, un vieillard. Il avait soixante-huit ans. Le rôle fait à son intention ne comportait que quelques scènes, habilement présentées et qui permettaient au vieux lion de montrer encore ses griffes. Une situation était poignante. Il apprenait par un aveu d'homme ivre que la femme qu'il avait si tendrement aimée, qu'il pleurait encore, l'avait indignement trahi, et devenait subitement fou furieux en scène. Hagard, rugissant, il jetait rageusement au feu les mille souvenirs qu'il avait tant chéris : « ... Au feu, les fleurs séchées !... Au feu, la petite mante de soie !... Au feu, les boucles de cheveux !... Au feu, les rubans !... » Tout d'un coup il s'arrêtait... « Ce portrait a été fait après sa mort... ce n'était pas la morte qui l'avait trahi... » Et cette minute d'émo-

FRÉDÉRICK LEMAITRE
« DANS LE CRIME DE FAVERNE ».

tion suffisait à cet admirable comédien pour laisser dans l'âme des spectateurs un inoubliable souvenir.

Pendant le siège de Paris, l'Ambigu entr'ouvrit ses portes. On y donna même une pièce de circonstance, le *Forgeron de Châteaudun*, de Frantz Beauvallet, dans laquelle l'acteur Coulombier, qui jadis avait joué les généraux au Cirque Olympique, venait, vêtu en cuirassier, raconter l'héroïque charge de Reischoffen ; mais les représentations avaient lieu le plus souvent au bénéfice des blessés ou pour « acheter des canons » ; on y disait surtout les vers des *Châtiments* de Hugo, et des intermèdes variés réunissaient les acteurs et les actrices qui, comme nous, étaient restés à Paris. Je me souviens que notre père, le sculpteur Auguste Cain, nous amena un soir, mon frère et moi, à l'une de ces représentations. Taillade dit *Oceano Nox* et *Cette nuit-là ;* et un chanteur de café-concert, Arnaud, y chanta pour la première fois *le*

JANE ESSLER
DANS LES
« BEAUX MESSIEURS DE BOIS-DORÉ ».

Sire de Fich' ton kan, qui devait devenir populaire dans les bataillons de la garde nationale. Pendant les entr'actes, des cantinières quêtaient pour les blessés dans des casques prussiens. C'était l'époque terrible où j'ai vu les mobiles bretons — revêtus de peaux de biques — faire l'exercice sur le terre-plein qui précède l'Ambigu, devant le théâtre de la Porte-Saint-Martin et devant le restaurant Deffieux, brûlé sous la Commune, qui s'élevait sur l'emplacement occupé aujourd'hui par le théâtre de la Renaissance. L'ex-abbé Bauer, en soutane retroussée et en bottes à l'écuyère, à cheval, surveillait les manœuvres en fumant un cigare.

(Collect. H. Lecomte.)
BOCAGE.

Après avoir échappé à l'incendie, l'Ambigu fut l'un des premiers théâtres qui rouvrit ses portes au public. *Les Nuits de la Seine*, une reprise, et *l'Article 47*, un succès, y furent représentés en 1871. Dans *le Portier du Numéro 15*, Frédérick Lemaître fut acclamé pour la dernière fois; et *Lise Tavernier*, de Daudet, n'obtint pas le succès espéré. Ni *Rose*

Michel ni *l'Affaire Coverley* ne purent améliorer le sort du théâtre, et cependant ce dernier drame marque une étape sérieuse dans l'art dramatique.

Aux habituels coups de couteaux ou de revolvers, aux coutumiers poisons, aux incendies, aux viols, aux escalades, aux rapts variés succède le meurtre scientifique. Dans *l'Affaire Coverley*, c'est un train de chemin de fer qui traverse la scène, broyant un homme sous les roues de ses wagons ; nul ne saurait se soustraire aux lois du progrès ! C'est vers cette époque qu'un directeur de l'Ambigu — il y en eut beaucoup

BOUTIN
DANS LES « NUITS DE LA SEINE ».

— qui devait à Dieu et à diable, s'écriait en sortant d'une grave maladie pendant laquelle il avait dû supporter une cruelle opération : « Laissez-moi tranquille avec mes créanciers ; quand on a souffert ce que j'ai souffert, on ne doit plus rien à personne. »

Les directions succèdent aux directions, les reprises aux reprises; on essaye de tout, rien ne réussit, pas même un *Spartacus!!* tragédie en cinq actes, en vers, que M. Georges Thalray a le courage d'offrir au public ingrat, le 20 juin 1876, par une chaleur torride! Au bout de neuf jours, cet héroïque *Spartacus* est de nouveau terrassé, et le vieux mélodrame triomphe de nouveau avec une reprise de *la Tour de Nesle*, avec Dumaine et Marie Laurent — *la Tour de Nesle* fit de l'argent ! — et l'Ambigu put monter tranquillement une *Cause célèbre*, drame en six actes, par MM. d'Ennery et Cormon, qui obtint un succès tel que la salle fut jugée trop petite devant l'affluence toujours croissante des spectateurs ; la pièce, interrompue en plein succès le 27 décembre, fut reprise le 29 du même mois sur la scène plus vaste de la Porte-Saint-Martin, et, comme les prévisions ne se réalisent jamais, le succès si vif des premiers jours ne suivit pas le drame dans son nouveau logis !

C'est seulement le 18 janvier 1879 que l'Ambigu retrouva l'écho des grandes batailles d'autrefois avec la première représentation de *l'Assommoir*.

Ce fut un gros succès et qui dura pendant près de trois cents soirées. Gil-Naza, *Coupeau*, alcoolique, Dailly (*Mes Bottes*), ivrogne gai et repenti, Hélène Petit (*Gervaise*), le beau Delessart (*Lantier*), Charly (*Poisson*), le sergent de ville épique, Lina Munte (*Virginie*) furent justement acclamés. C'était très réaliste, très émouvant, très gai et très effroyable ; et Émile Zola, qui n'avait été pour rien dans la

LES THÉATRES DES BOULEVARDS 177

THÉATRE DE L'AMBIGU. — « LE FILS DE PORTHOS », PIÈCE EN 5 ACTES ET 14 TABLEAUX, PAR M. P. MAHET 1886.

confection de cette pièce tirée par W. Busnach de son roman, put très justement écrire : « Certes, ce n'est pas une victoire décisive pour le naturalisme, mais c'est un grand pas vers la vérité des personnages et du milieu au théâtre. »

Chose bizarre, le personnage du père Bazouge, le croque-mort, qui dans la pièce ferme les yeux à Gervaise morte en lui disant : « Tu as assez souffert, fais dodo, ma pauvre mignonne », n'avait pas été du goût de tout le monde à la première représentation. L'aimable directeur Chabrillat, un brave et charmant garçon qui avait héroïquement gagné sa croix d'honneur à Châteaudun, le supprima à la troisième soirée. Le public se fâcha, réclama, et force fut à la direction de rétablir le dénouement primitif. Quelques années plus tard, Lucien Guitry, le premier comédien de Paris, reprenait à la Porte-Saint-Martin, avec sa maîtrise habituelle, le personnage si complexe créé par Gil Naza, et ce fut un étonnement et une joie que de voir avec quel art parfait Guitry, métamorphosé en ouvrier alcoolique, avait su faire de Coupeau une admirable figure, émouvante et tragique.

Les Mouchards, cinq actes de J. Moinaux et P. Parfait, succèdent à *l'Assommoir* après un court interrègne de reprises; mais le titre seul a du succès, tous les efforts de Dailly, dans un rôle amusant de Gascon policier, ne peuvent galvaniser la pièce, et *Robert Macaire* fait de nouveau grincer sa tabatière sur les planches de l'Ambigu.

Le 17 novembre 1883, Catulle Mendès donne à l'Ambigu — sous la direction de Maurice Bernhardt, le fils de la grande tragédienne — *les Mères Ennemies*, une pure et noble tentative littéraire, à laquelle, hélas! le public ne souscrit pas. L'excellence de l'interprétation, la vue du beau Damala portant, — avec quelle grâce! — l'uniforme brodé du comte palatin Boleski, le talent d'Agar, la grâce d'Antonine, les belles armes, les somptueux décors, les riches costumes, ne peuvent triompher de la résistance du public.

Le 27 janvier 1883, première représentation de *la Glu*, de Jean Richepin, une œuvre incomplète, mais poignante, et qui renferme des beautés de premier ordre : Réjane, toujours admirable, et Decori s'y font justement applaudir; mais pas plus que dans *les Mères Ennemies* l'Ambigu ne rencontre dans *la Glu* le succès espéré, malgré leur incontestable mérite et leur éclatante supériorité sur la basse phraséologie et la triste mentalité des drames et des mélodrames qui ensanglantent la scène du boulevard Saint-Martin.

Ces œuvres de poètes ne sauraient répondre au goût d'un public spécial, et c'est à *l'As de Trèfle*, de Pierre Decourcelle, que va le succès si fort espéré. C'est un drame violent et policier, plein de vie, de passion et de mouvement, et l'auteur, dont c'est la première œuvre, confirme toutes les espérances fondées sur son jeune talent. L'action complexe, mouvementée, se poursuit au milieu de mille péripéties; pas une minute le spectateur n'a le temps de se reprendre : les meurtres se succèdent; les coupables sont surpris, pris et repris, la police est roulée ; le public pleure, frissonne ou s'amuse aux boniments de camelots bons enfants. Taillade fait du domestique Narcisse, un sinistre gredin, l'une de ses plus remarquables créations. Lacressonnière, le bon agent de police, Ch. Masset, l'innocent persécuté, emplissent de douces larmes les mouchoirs de toute une salle émue, et la toile tombe au bruit d'applaudissements répétés.

On m'a conté un très joli mot de l'excellent acteur Bouhyer à propos de *l'As de Trèfle:* les besoins de la mise en scène obligèrent Pierre Decourcelle à faire de Taillade le complice de Bouhyer assassinant sa propre sœur. Ce brave Bouhyer n'avait pas vu sans déplaisir Taillade le seconder dans cette œuvre sinistre qu'il brûlait d'exécuter tout seul. Mais il s'était incliné sans mot dire. Au tableau suivant, *une Rafle au Point-du-Jour*, au moment d'occire d'un coup de couteau dans le dos un infortuné sergent de ville qui contrariait ses ténébreux projets, Bouhyer, se tournant vers Taillade, ne put s'empêcher de lui dire avec son plus aimable sourire : « Désirez-vous aussi partager le sergent de ville? »

Le 13 décembre 1883, première représentation de *Pot-Bouille*. On espérait un triomphe égal à celui de *l'Assommoir;* la pièce amusa, ce fut tout. Trublot, l'oncle Bachelard, l'infortuné Josserand.

le bel Octave Mouret, M. Vabre, Campardon l'architecte, Mme Josserand et ses filles, ce « torchon » d'Adèle, tous ces types amusants, pittoresques, furent fort bien rendus par une pléiade d'artistes de talent. Blaisot (Bachelard) et Leriche (Adèle) dessinèrent, ce soir-là, deux silhouettes admirables. Courtès fut excellent en Auguste Vabre; le pauvre monsieur, qui a perpétuellement « le front barré de migraine ». *Pot-Bouille* et ses remarquables interprètes obtinrent un mérité succès. Plus tard : *le Roi de l'Argent, Martyre, le Fils de Porthos, Roger la Honte, la Porteuse de Pain, le Régiment* sont fort applaudis; et, en 1893, *Gigolette* de Pierre Decourcelle et Edmond Tarbé fait triompher Félicia Mallet, cette bizarre et remarquable artiste; enfin, *les Gaîtés de l'Escadron* de Courteline déchaînent des tempêtes de rire et font couler de douces larmes dans la vieille salle de l'Ambigu. Chelles, l'excellent acteur, trace du capitaine Hurluret, si bon, si brave, si tendre aussi sous une rudesse apparente, une silhouette délicieuse, un « Charlet » qu'aurait retouché et rajeuni le crayon spirituel d'Albert Guillaume. C'est la caserne tout entière avec ses ennuis, ses bêtises, ses farces de gosses à l'étude, ses corvées, ses ridicules, mais aussi ses grands et nobles côtés, la bonne camaraderie, la franche gaieté, la solidarité dans la fatigue, le danger ; ce sont les adjudants insupportables, les fricoteurs professionnels, les chefs dévoués, loyaux et bons, c'est enfin tout le « volontariat » de jadis qui nous repasse devant les yeux et, une fois par hasard, on voit, sur le théâtre, des soldats, des officiers et des tableaux de la vie militaire, qui ne sont ni ridicules, ni odieux, ni d'une écœurante obscénité!

Notre spirituel et cher Courteline est acclamé, et c'est justice... comme on dit au Palais.

L'année 1895 avait été bonne pour l'Ambigu; l'année 1896 fut meilleure encore : le 19 février, la toile se lève sur la première représentation des *Deux Gosses* de Pierre Decourcelle. Et c'est le triomphe, quelque chose d'inconnu jusqu'alors dans les fastes du théâtre. Pendant 751 (je dis sept cent cinquante et une) représentations consécutives, fait sans précédent dans les annales dramatiques de Paris, la province et l'étranger viennent mouiller des mouchoirs dans la salle de l'Ambigu. Il y a, certains soirs, un demi-pied d'eau dans les baignoires et les ouvreuses ont ordre d'éponger les personnes trop sensibles. Le vrai, c'est que ce parfait mélodrame séduit tous les publics et attire tous les bravos. C'est vivant, c'est émotionnant, c'est spirituel, et les plus forts, ceux-là qui se défendent d'être jamais ému par ces « machines-là », mettent sur le compte d'un fâcheux coryza la pointe d'émotion qui les oblige de tirer leurs mouchoirs.

Nous avons pensé que nos lecteurs ne sauraient être mieux renseignés que par l'auteur, et c'est notre ami Pierre Decourcelle qui veut bien nous raconter, dans la charmante lettre suivante, ses impressions personnelles. Nous laissons avec joie la parole à l'heureux père des *Deux Gosses :*

« Un souvenir de la première des *Deux Gosses*, me demandes-tu, mon cher Ami... Oui, c'est vrai... elle est déjà presque au fond du tiroir aux souvenirs cette soirée du 19 février 1896... « Il y a dix ans !.. » Encore un titre de drame !.. Et n'en est-ce pas un, le plus vécu de tous, que la rapidité avec laquelle marchent les années...

« Sur la « première » en particulier, je t'avouerai que je ne me rappelle pas grand'chose... Les soirées heureuses n'ont pas d'histoire... On pleura, on rit, on applaudit, on rappela !... C'est tout et c'est assez, puisque de cette représentation en découlèrent 751 autres, qui me valurent quelques-uns des Fragonard ou des Hubert Robert que tu aimes à voir sur mes murs,... avec pas mal d'ennemis, que je n'accroche pas, mais dont je ne suis pas moins fier.

« La répétition générale fut plus curieuse. On commençait déjà à guerroyer sur ce champ de bataille où devait couler tant d'encre. J'étais persuadé, à ce moment, — car je l'avoue avoir changé d'avis deux ou trois fois sur la question, — que leur grande publicité, les portes ouvertes à tout venant, les salles bondées jusqu'aux lustres, faisaient du tort à la vraie première et, par suite, à la pièce. Il fut donc décidé que nous n'inviterions personne, mais strictement personne... A l'exception de la seule critique, pas un ami de la maison, ni de l'auteur !... Invisible, dans le fond sombre d'une baignoire, on avait toléré ma famille, réduite à sa plus simple expression... C'était un mardi gras... Il neigeait au dehors à la fois des flocons et des confetti. Nos juges entraient un à un, solitaires, — car on ne leur avait donné qu'une place à chacun, — et, renfrognés et rébarbatifs, venaient peu à peu se masser dans l'orchestre vide et noir dont ils remplissaient à peine la moitié. Pendant le premier tiers de la pièce, ce fut sinistre... Mais, tout à coup, au quatrième tableau, — tu vois qu'ils y avaient mis le temps, — les larmes commencèrent à briller au coin des paupières, et les nez à jouer du trombone... Ils n'arrêtèrent plus, et il me fut beaucoup pardonné, parce qu'ils avaient beaucoup pleuré...

« Que te dire de plus?... Te raconterai-je que, vers la 50e, mon ami Porel, emballé par la pièce, nous prédit une série de 400 représentations. Je regardai Rochard d'un œil un tantinet railleur. C'est gentil d'être bienveillant, mais pas tant que cela tout de même!... Quatre cents représentations!... Peste, mon cher... je me serais volontiers contenté du tiers!... Porel s'était en effet trompé dans son pronostic... Il s'était trompé presque de moitié... mais à notre désavantage, puisque son chiffre fut tout près de se trouver doublé.

« Le revers de la médaille c'est que ce résultat me classe, me catalogue, m'étiquette « l'auteur des *Deux Gosses* ». C'est sous cette périphrase que les domestiques m'annoncent dans les maisons où je vais dîner, et je ne sais pas trop si on ne l'a pas inscrite sur ma carte d'électeur... J'ai beau essayer d'être l'auteur d'autre chose... Je ne peux pas, comme dans la chanson ! — Crois-tu que cela durera toujours, dis ?...

« Affectueusement à toi.

Pierre Decourcelle. »

Mlle Marthe Mellot, Hélène Réyé, Mme Barély, MM. Pierre Berton, Gémier, Arquillière sont les interprètes applaudis de ce beau drame.

Puis viennent : *la Joueuse d'orgue*, où Tessandier dessine une figure d'héroïne populaire avec sa coutumière maîtrise ; — *Papa la Vertu*, *A Perpète ! l'Autre France* et *les Dernières Cartouches*. Un excellent artiste qui, de plus, fut un brave homme, instruit, aimant et connaissant les choses du Théâtre, Courtés, meurt après cette pièce qui fut sa suprême création et demande, détail touchant, à être enterré avec la redingote de son dernier rôle.

En 1903, Georges Grisier, resté seul directeur, monte avec un goût infini *la Citoyenne Cotillon*, une œuvre charmante de MM. Ernest Daudet et Henri Cain. L'exquise Jeanne Granier, la jolie Marguerite Labady ; MM. Gaston Dubosc et Louis Gauthier sont les excellents interprètes de cette œuvre spirituelle et documentée, et c'est une belle soirée d'art à inscrire dans les fastes de l'Ambigu.

En ce moment, *la Grande Famille*, un pittoresque, amusant et puissant mélodrame d'Arquillière, amène la foule dans ce vieux théâtre cher aux Parisiens. — Pas plus que son architecture extérieure, son « spectacle » n'a varié. — Il s'est modifié, voilà tout, et toujours Paris aimera son vieil Ambigu... D'ailleurs Musset n'a-t-il pas écrit?...

Vive le mélodrame où Margot a pleuré!

LE THÉATRE DE LA PORTE-SAINT-MARTIN, VERS 1790.

LE THÉÂTRE DE LA PORTE-SAINT-MARTIN

L'Opéra. — Le théâtre de la Porte-Saint-Martin. — Frédérick Lemaître et Mme Dorval. — *Marion Delorme* et le drame romantique. — L'Ecole de 1830. — Le théâtre d'A. Dumas. — Balzac et la première de *Vautrin*. — *Tragaldabas*. — *La Tour Saint-Ybars*. — *Les Mystères de Paris*. — Mme Marie Laurent. — Mélingue. — *Patrie*. — Le siège de Paris. — Incendie de la Porte-Saint-Martin. — Sa réouverture. — *Le Tour du monde* et le théâtre scientifique. — Sarah Bernhardt et *Théodora*. — Coquelin et *Cyrano de Bergerac*.

Le 27 octobre 1781, l'*Opéra* qui, le 18 juin de la même année, avait été détruit par un formidable incendie, prit possession du beau théâtre qu'en quatre-vingt-six jours l'architecte Lenoir avait su bâtir sur l'emplacement du magasin des décors, boulevard Saint-Martin. Cette salle avait coûté 1.253.671 livres. En 1782, on y fit quelques changements, et l'Opéra y demeura jusqu'en 1794.

Les Désespérés

Puis le théâtre vide resta longtemps fermé. Ce ne fut qu'en 1802, avec un nouveau titre « Théâtre de la Porte-Saint-Martin », qu'il ouvrit ses portes au public, le 30 septembre : on y joua d'abord des mélodrames et des vaudevilles; bien que compris dans le décret despotique du 8 août 1807, qui supprimait brutalement un certain nombre de théâtres, la salle ne fut pas démolie et, en 1810, rouvrit sous le titre des « Jeux Gymniques »; on

commença par donner des pantomimes, des ballets, des pièces comiques; puis on revint bientôt au premier genre, et, en 1815, le théâtre de la Porte-Saint-Martin reprit son ancien titre avec *les Petites Danaïdes* où le grand acteur Potier obtint dans le *père Sournois* un succès extraordinaire. Pendant des années, *les Petites Danaïdes* attirèrent la foule, comme *le Bourgmestre de Saardam* et *le Ci-devant Jeune Homme*, autre triomphe de Potier. Un acteur nommé Philippe y créa avec un vrai talent le rôle de *Charles le Téméraire* dans *le Solitaire*, et celui du bon forçat dans *les Deux Forçats*. Ce Philippe, dont l'enterrement, en 1824, donna lieu à des manifestations bruyantes, était l'oncle de Philippe Rousseau, le peintre éminent qui exécuta de si belles natures mortes.

C'est à la Porte-Saint-Martin, vers 1804, dans *le Passage du Mont Saint-Bernard*, qu'un figurant nommé Chevalier, qui d'ailleurs ne ressemblait, paraît-il, en rien au Premier Consul, osa pour la première fois arborer le fameux costume et le petit chapeau. On le voyait de dos, se chauffant à un feu de bivouac. La salle fit une ovation à cette silhouette héroïque, et Bonaparte eut la curiosité de s'aller voir ; accompagné de Duroc, il assista à la représentation qui ne lui déplut pas, et, le lendemain, le vainqueur de Marengo envoyait 1.200 francs à ce général de coulisses.

Les ballets de la Porte-Saint-Martin, nous conte La Bédolière, éclipsèrent un moment ceux de l'Opéra. Un mime nommé Mazurier dépassa tous les danseurs comiques connus jusqu'à ce jour. Il triompha dans *Jocko* (ou *le Singe du Brésil*), comédie-clownerie de A. de Rochefort, le père de Henri Rochefort, et sa vogue fut incroyable. Il y eut des

L'ACTEUR PHILIPPE.

habits à la Jocko, des robes, des petits pains, des éventails à la Jocko; on chantait dans les rues :

> On vient de quitter subito
> Mod' français' et mod' anglaises
> Et jusqu'aux marchands d'coco
> Tout s'habille à la Jocko (*bis*).

C'est de Mazurier dont une spectatrice disait en 1825 : « Vous m'aviez dit que c'était un singe et je vois bien que c'est un homme ; mais, si vous m'eussiez dit que c'était un homme, je croirais que c'est un singe. » Talma, bon juge en la matière, assurait : « Je ne connais que trois vrais comédiens, Potier, Mazurier... et peut-être moi. »

L'excellent Arthur Pougin, le plus averti des écrivains en matière de théâtre, nous contait que, tout enfant, à l'âge de cinq ou six ans, il eut l'occasion de paraître dans une reprise de *Jocko*, dont le rôle alors était tenu par un danseur anglais nommé Klischnig. C'est sa plus ancienne impression dramatique !

Crosnier qui, quelques années plus tard (1828), dirigea la *Porte-Saint-Martin*, se mit à monter des pièces rappelant les gloires de l'épopée impériale, et ce fut lui, nous apprend M. Germain Bapst dans son remarquable *Essai sur l'histoire du théâtre*, qui, mieux que personne, sut réaliser des merveilles de mise en scène. « Pour représenter une revue des grenadiers de la garde passée par Napoléon, il disposait sur le théâtre des lignes de grenadiers en bataille qui semblaient se prolonger indéfiniment dans les coulisses. On entendait se succéder au-delà de la scène, du côté d'où venait Napoléon, des batteries de tambours des différents corps en ligne, plus intenses à mesure que Napoléon se rapprochait. Puis l'empereur apparaissait sur la scène, passait en revue le premier rang et disparaissait, et les batteries diminuaient peu à peu. » Quand

M¹¹ᵉ GEORGES
Rôle de Nosiha dans La Guerre des Servantes. Porte S¹ Martin 1837.

Crosnier représenta ainsi *la Revue des grenadiers de la Garde*, ce fut un succès complet.

Frédérick Lemaître, Bocage et M#super#me#/super# Dorval, cet admirable trio de grands artistes, entrent à la Porte-Saint-Martin, et avec eux le théâtre se renouvelle, s'épure, s'agrandit, devient la véritable scène où le romantisme livre ses plus belles batailles. Hugo, Dumas, Casimir Delavigne, puis Félix Pyat, Balzac y règnent en maîtres, et cette splendide phalange d'écrivains de talent est soutenue et secondée par un groupe de comédiens merveilleux, braves, intelligents, dévoués à leur art, car aux trois noms déjà cités il convient d'ajouter ceux de Ligier, de Lockroy, de Delafosse, de Stockleit, de M#super#me#/super# George, de M#super#me#/super# Moreau-Sainti, de M#super#lle#/super# Noblet.

Frédérick Lemaître et M#super#me#/super# Dorval firent frémir tout Paris dans *Trente Ans* ou *la Vie d'un joueur*.

M#super#me#/super# Dorval était une artiste géniale. Th. Gautier disait d'elle : « L'art lui vient d'inspiration... De la phrase la plus simple, d'une interjection, d'un « *oh!* », d'un « *mon Dieu!* »... elle faisait jaillir des effets électriques inattendus, que l'auteur n'avait même pas soupçonnés. Elle avait des cris d'une vérité poignante, des sanglots à briser la poitrine, des intonations si naturelles, des larmes si sincères que le théâtre était oublié et qu'on ne pouvait croire à une douleur de convention... Elle a été femme où d'autres se seraient contentées d'être actrices : jamais rien de si vivant, de si vrai, de si pareil aux spectatrices de la salle ne s'était montré au théâtre : il semblait qu'on regardât non sur une

MADAME DORVAL.

scène, mais par un trou, dans une chambre fermée, une femme qui se serait crue seule. »

Or Frédérick Lemaître et Mme Dorval, a-t-on dit, formaient un couple théâtral parfaitement assorti; ces deux talents se complétaient l'un par l'autre et se grandissaient en se rapprochant.

En 1829, C. Delavigne donne à la Porte-Saint-Martin *Marino Faliero*, retiré par lui de la Comédie-Française, et, le 30 mai, la pièce est interprétée par Mme Dorval, Ligier et Lockroy.

En 1831, Alexandre Dumas fait représenter *Antony*. Mme Dorval et Bocage y sont admirables, et Dumas se réjouit d'avoir repris sa pièce au Théâtre-Français, où Mlle Mars et Firmin ne la répétaient qu'à contre-cœur, tremblants tous deux devant les violences de cet audacieux novateur.

La censure d'ailleurs interdit *Antony*, malgré le discours de M. Thiers qui disait : « avoir voulu attirer la jeune École au *Théâtre-Français* ».

Crosnier, le directeur de la Porte-Saint-Martin, lui non plus, ne croyait pas au triomphe que devait obtenir *Antony*. Dumas raconte dans ses *Mémoires* qu'à la lecture de la pièce, « au troisième acte, M. Crosnier luttait poliment contre le sommeil; au quatrième, il dormait le plus convenablement possible; au cinquième, il ronflait ». Mais Bocage et Mme Dorval avaient la foi, et ces deux admirables artistes s'étaient donnés corps et âme au mouvement romantique. — Quatre mois après leur triomphe d'*Antony*, ils interprétaient *Marion Delorme*.

C'est en 1829, le 1ᵉʳ juin, que Victor Hugo se mit

BOCAGE.

à écrire cette *Marion Delorme* que la Porte-Saint-Martin devait représenter le 11 août 1831. « Le

20 juin, au jour levant, il commença le quatrième acte, travailla de grande verve, passa la nuit et en écrivit le dernier vers au moment où le jour reparaissait ; tout l'acte avait été fait entre deux levers de soleil. Le 24 juin, la pièce était terminée. » La pièce, demandée par le baron Taylor était retenue pour le *Théâtre-Français*, et Mlle Mars devait créer *Marion Delorme*. Le jour même où le baron Taylor réclamait la pièce pour le Théâtre-Français, M. Jouslin de La Salle, directeur de la Porte-Saint-Martin, la demandait pour son théâtre, et M. Harel, directeur de l'Odéon, écrivait précipitamment sur la couverture du manuscrit :

(« Reçu au théâtre de l'Odéon, le 14 juillet 1829. »)

HAREL.

On sait la curieuse histoire de *Marion Delorme* : la pièce distribuée et répétée au Théâtre-Français, l'intervention de la censure, le *veto* de M. de Martignac et celui de M. de Polignac, et Victor Hugo allant lui-même soumettre à Charles X le quatrième acte qui causait ce grand tapage. Le grand poète, dans *les Rayons et les Ombres*, nous a conté cette poignante entrevue

... entre le poète et le vieux roi courbé.
De quoi s'agissait-il ? D'un pauvre ange tombé
Dont l'amour refaisait l'âme avec son haleine ;
De Marion, lavée ainsi que Madeleine,
Qui boitait et traînait son pas estropié,
La censure, serpent, l'ayant mordue au pied.

Le poète voulait faire un soir apparaître
Louis Treize, ce roi sur qui régnait un prêtre,

VICTOR HUGO.

Tout un siècle, marquis, bourreaux, fous, bateleurs ;
Et que la foule vint et qu'à travers des pleurs,
Par moments, dans un drame étincelant et sombre,
Du pâle cardinal on crût voir passer l'ombre.

Charles X fut charmeur, aimable, gracieux... mais, après avoir lu l'acte, eut le regret de ne pouvoir autoriser la représentation, et *Marion Delorme* fut ajournée. Cet ajournement devait être de courte durée, la Révolution de 1830 ayant supprimé la censure et le théâtre ayant reconquis sa liberté dans la liberté générale. Le Théâtre-Français réclamait de nouveau *Marion Delorme*; Victor Hugo refusa : il sentait l'hostilité du Théâtre-Français à cet art romantique dont il était le chef incontesté. M. Taylor seul lui était acquis, mais les pouvoirs du commissaire royal étaient limités,... et il accorda la pièce à M. Crosnier, le successeur de M. Jouslin de La Salle à la Porte-Saint-Martin.

Ce fut le 11 août 1831, un peu plus de trois mois après *Antony*, que fut donnée la première représentation de *Marion Delorme*. Mme Dorval et Bocage furent admirables. Gobert, qui ressemblait tant à Napoléon, obtint un franc succès dans le personnage si complexe de Louis XIII, et Provost, Chéri et Serres furent applaudis; ils représentaient l'Angely, le marquis de Saverny et le Gracieux.

Marion Delorme fut fort discutée. Stendhal écrit au baron de Mareste : « *Marion Delorme* a fait un demi-fiasco, non que cela vaille moins qu'*Hernani*, au contraire, mais on est si peu amusable aujourd'hui ! — Point de ces fureurs comme l'année passée, le public bâille ou ne vient pas. Toute la littérature

tombe en quenouille, les vers principalement. » Le premier acte réussit. Le second fut accueilli froidement. Au troisième, Mme Dorval, mal arrangée en Chimène, dit mal les vers du *Cid;* il n'y eut d'applaudissements que pour le *Gracieux*, représenté drôlement par Serres; l'acte fut cahoté. Le drame se releva au quatrième : le discours de M. de Nangis remua la salle ; Mme Dorval fut extrêmement touchante en demandant au roi la grâce de Didier ; la scène de Louis XIII et de l'Angely fut dite excellemment par Gobert et Provost; une vive opposition troubla toute la scène de Didier et de Saverny : Didier fit rire et Saverny fit siffler. Mais Mme Dorval entra, il y eut une telle effusion, une telle douleur et une telle vérité que tous les hommes battirent des mains et que toutes les femmes pleurèrent. A la chute du rideau, il y eut une bordée de sifflets. Mais les applaudissements en grande majorité eurent le dessus et saluèrent énergiquement le nom de l'auteur.

Lucrèce Borgia fut représentée le 2 février 1833, et la pièce fut plus discutée encore que ne l'avait été *Marion Delorme*. C'est à la première représentation que fut échangé entre Victor Hugo et le directeur Harel ce curieux dialogue. Dès la première scène, quand Gubetta dit que les deux frères aiment la même femme et que cette femme est leur sœur, un violent coup de sifflet retentit :

« Comment! on siffle, fait Harel complètement ébahi... Qu'est-ce que cela signifie? »

Et Hugo de lui répondre : « Ça signifie que la pièce est bien de moi[1]. »

Le talent de Frédérick Lemaître dans Gennaro, celui de Mlle George dans Lucrèce Borgia, ne purent sauver l'ouvrage, qui dut assez rapidement disparaître de l'affiche. C'est à propos de *Lucrèce Borgia* que Mlle Juliette Drouet, dont la vie devait être associée à celle du grand poète, écrivit, le 5 janvier 1833, à Harel :

> Quoique je sois engagée, Monsieur, à un autre théâtre pour ne jouer que les premiers rôles, je jouerai avec empressement la Princesse Négroni dans *Lucrèce Borgia*. Il n'y a pas de petits rôles dans une pièce de M. Victor Hugo.
>
> JULIETTE.

Cette même année, Victor Hugo, qui s'y était engagé par traité, donna *Marie Tudor*.

— Mlle George jouait Marie Tudor. Elle était fort belle encore, mais un terrible embonpoint l'avait envahie. Elle régnait de toutes façons à la Porte-Saint-Martin et dirigeait à sa fantaisie le spirituel directeur Harel. Le régisseur Moëssard — qui obtint plus tard le prix Monthyon, — l'attendait à la sortie de sa loge et la précédait, marchant respectueusement à reculons, tout en frappant le plancher de son bâton d'avertisseur. Les bonnes camarades assuraient que cet hommage exagéré

---

[1]. *Victor Hugo raconté par un témoin de sa vie.*

avait une cause tout autre et que le « vertueux Moëssard » tenait surtout à s'assurer que le parquet n'allait pas s'effondrer sous le poids de l'opulente directrice ! — Pauvre M⁽ˡˡᵉ⁾ George ! Après avoir été aimée par Napoléon, après avoir séduit la Russie, régné sur Paris et ses théâtres, elle était tombée dans la plus profonde misère, et Henri Rochefort se rappelle l'avoir aperçue — vers 1846 — un soir qu'elle allait jouer en représentation au théâtre des Batignolles, courant après l'omnibus, chaussée de socques, par une pluie battante !

Marie Tudor fut jouée le 6 novembre 1833. L'auteur et le directeur échangeaient alors les plus désagréables propos. La veille de la première représentation, le dernier mot de Victor Hugo à Harel avait été : « Faites tomber ma pièce, je ferai tomber votre théâtre. » C'est sous ces heureuses dispositions que le rideau se leva. M⁽ˡˡᵉ⁾ George, qui avait été sifflée, furieuse, jeta à Hugo : « Il y avait des drôles dans la salle ».

« — Est-ce dans la salle » ? riposta l'auteur.

Une indisposition grave de M⁽ᵐᵉ⁾ Juliette (plus tard M⁽ᵐᵉ⁾ Drouet, l'inséparable amie du poète) obligea à faire relâche dès le lendemain. Les journaux furent très hostiles. A la quatrième représentation, l'annonce prochaine d'*Angèle*, d'A. Dumas, parut sur l'affiche. Les relations n'étaient plus possibles entre V. Hugo et le directeur de la Porte-Saint-Martin ; le traité signé pour un troisième drame fut déchiré d'un commun accord, et *Angèle* fut

Galerie Théâtrale.

Rôle de Buridan. **Mr BOCAGE.** Dans la Tour de Nesle.

Je veux tout cela!

18

représentée le 28 décembre 1833. La pièce réussit et, sans trop d'exagération, Dumas put libeller ainsi la dédicace de son œuvre : *Aux Acteurs qui ont joué dans « Angèle »*.

Mes Amis,

Nous avons eu un succès de famille ; prenons et partageons. A vous.

A. Dumas.

Paris, 8 janvier 1834.

Les acteurs étaient Bocage, Lockroy, Chilly, etc., M*mes* Verneuil, Ida, Mélanie, etc. L'acteur Bocage et Victor Hugo désolaient également Harel; Hugo exigeait des décors ruineux, et Bocage se plaignait toujours, et Harel de s'exclamer : « Ce Bocage me tuera ! Je lui accorde les rôles, les costumes, les billets qu'il désire ; il me demande à présent la République, je ne puis pourtant pas la lui donner ! »

Quelque succès qu'ait obtenu *Angèle*, on ne saurait le comparer à celui de *la Tour de Nesle*, représentée pour la première fois le 29 mai 1832. Les aventures de *la Tour de Nesle* sont célèbres. Après avoir été offerte, pour collaboration, à J. Janin, la pièce originale de F. Gaillardet fut remise par le directeur Harel à A. Dumas en ces termes : « Un jeune homme de Tonnerre nommé Frédéric Gaillardet m'a apporté un manuscrit où

il y a une idée, mais il n'a jamais fait de théâtre ;
ce n'est point écrit, dramatiquement parlant. J'ai

ALEXANDRE DUMAS

porté à Janin — qui l'a récrit — le manuscrit du
jeune homme, mais ce n'est pas plus jouable ;
et Janin, ce matin, a jeté sur le canapé de
Mlle George les deux manuscrits, celui de Gaillardet comme le sien, en me disant : « Allez au diable,

vous et votre drame ! » Et c'est à vous à nous aider maintenant. »

Dumas de se mettre à refaire cette malheureuse *Tour de Nesle*. Le théâtre allait à la dérive. Le choléra faisait le vide dans les salles de spectacle, malgré les réclames éhontées d'Harel : « On a remarqué, avec étonnement, assurait-il, que les salles de spectacles étaient les seuls endroits publics où, quel que fût le nombre des spectateurs, aucun cas de choléra ne s'était encore manifesté. Nous livrons *ce fait incontestable* à l'investigation de la science ! » A ce moment les journaux annonçaient jusqu'à sept ou huit cents morts par jour. Dumas, atteint lui-même, écrivait fiévreusement *la Tour de Nesle*, dont Harel emportait les scènes qu'il faisait répéter à mesure qu'il les arrachait à Dumas. — Frédérick Lemaître avait fui Paris, et Bocage avait été mis en possession du rôle. Marguerite de Bourgogne, c'était Mlle George. Au milieu des répétitions, explication orageuse entre les deux auteurs, brouille, provocation. Harel arrange les choses. Le 29 mai 1832, première représentation. Le succès fut immense, et le nom de M. Gaillardet, seul jeté au public, fut acclamé.

Tout semblait terminé, mais une malencontreuse idée de Harel mit de nouveau le feu aux poudres ; l'affiche portait, après le titre de la pièce, ces deux indications d'auteurs : « *de MM. XXX et Gaillardet* ». D'où procès, réclamations, tapage, polémique retentissante et, enfin, échange de témoins et duel sans résultat. Tout cela, pour finir par cette lettre de Gaillardet adressée à Dumas en 1851, lors d'une des nombreuses reprises de *la Tour de Nesle*.

MON CHER FOURNIER,

Un jugement rendu en 1832 par les tribunaux a ordonné que *la Tour de Nesle* serait imprimée et affichée sous mon nom seul, et c'est ainsi qu'elle l'a été en effet jusqu'en 1851, époque de son interdiction.

Aujourd'hui que vous allez la reprendre, je vous permets et je vous prie même de joindre à mon nom celui d'Alexandre Dumas, mon collaborateur, auquel je tiens à prouver que j'ai oublié nos vieilles querelles, pour me souvenir uniquement de nos bons rapports d'hier et de la grande part que son incomparable talent eut dans le succès de *la Tour de Nesle*.

Bien à vous.

FR. GAILLARDET.

Paris, 25 avril 1851.

Peu de pièces furent plus jouées que *la Tour de Nesle*. C'était une obsession. Le vieux Vissot, mort presque centenaire, disait à tout débutant : « Tu n'y échapperas pas, tu joueras *la Tour de Nesle !* » On citait des traditions, celle du jeune débutant qui, à cette interrogation de Mlle George, énorme et majestueuse : « Tu voulais savoir qui j'étais... regarde et meurs ! » répondait par cette stupéfiante exclamation... « *La Tour de Nesle* »! La légende crée le succès, et les amours de Buridan feront encore battre bien des cœurs !

Richard d'Arlington, que fit représenter Dumas le 10 décembre 1831, fut pour Frédérick Lemaître l'occasion d'un véritable triomphe. Un des tableaux de la pièce comportait le spectacle mouvementé, pittoresque, remuant, d'une élection dans une petite ville anglaise, et ce fut une joie dans la salle que de voir avec quel art, avec quel souci du pittoresque, Alexandre Dumas et ses collaborateurs Goubaux et Beudin avaient montré ce curieux épisode de la vie politique chez nos voisins. On se battait, on boxait, on se huait, on placardait des affiches, on buvait, on emportait des blessés ; les femmes hurlaient, les hommes s'invectivaient ; les électeurs se cramponnaient aux barrières pour surveiller les votes, on s'arrachait les bannières au milieu d'une lutte à coups de poings : c'était parfait! Frédérick Lemaître fut admirable lorsqu'au dernier tableau, après avoir précipité sa femme par la fenêtre, il reparaissait, pâle et s'essuyant le front, traînant après lui, comme un cadavre, le voile avec lequel il avait étranglé sa victime et dont il ne savait comment se débarrasser. Il avait dressé dans *Richard d'Arlington* une tragique silhouette de l'ambitieux politique poussant cette ambition jusqu'au crime : c'était très beau, très grand, très tragique. « Frédérick, écrit Dumas dans ses *Mémoires*, avait été admirable aux répétitions : à la représentation, il fut prodigieux. » La pièce, maintes fois reprise, obtint le plus grand et le plus justifié succès. C'est à propos de *Richard*

ACTE IV, SCÈNE IX.

VAUTRIN,

DRAME EN CINQ ACTES ET EN PROSE.

par M. de Balzac,

REPRÉSENTÉ POUR LA PREMIÈRE FOIS, SUR LE THÉÂTRE DE LA PORTE SAINT-MARTIN, LE 14 MARS 1840.

PERSONNAGES.	ACTEURS.	PERSONNAGES.	ACTEURS.
JACQUES COLLIN, dit VAUTRIN.	M. Frédéric-Lemaitre.	JOSEPH BONNET, valet de chambre de la Duchesse de Montsorel.	M. Moessard.
Le Duc de MONTSOREL.	M. Jemma.	La Duchesse de MONTSOREL (Louise de Vaudrey).	Mme Frédéric-Lemaitre.
Le Marquis ALBERT, son fils.	M. Lafarrielle.	Mlle de VAUDREY, sa tante.	Mlle Georges cadette.
RAOUL DE FRESCAS.	M. Rey.	La Duchesse de CHRISTOVAL.	Mme Cénau.
CHARLES BLONDET, dit le Chevalier de SAINT-CHARLES.	M. Raucourt.	INÈS DE CHRISTOVAL, Princesse d'Arjos.	Mlle Figeac.
FRANÇOIS CADET, dit PHILOSOPHE, cocher.	M. Potonnier.	FÉLICITÉ, femme de chambre de la Duchesse de Montsorel.	Mme Kersent.
FIL-DE-SOIE, cuisinier.	M. Frédéric.	DOMESTIQUES, GENDARMES, AGENS, etc.	
BUTEUX, portier.	M. E. Dupuis.		
PHILIPPE BOULARD, dit LAFOURAILLE.	M. Tousez.		
UN COMMISSAIRE.	M. Héret.		

La scène se passe à Paris, en 1816, après le second retour des Bourbons.

d'*Arlington* que Dumas avait remis à un débutant cette spirituelle lettre d'introduction pour le directeur Harel :

Mon cher Ami,

Je vous envoie M. X..., qui désirerait vivement entrer à la Porte-Saint-Martin.

Il se dit comique : s'il l'est, remerciez-moi ; s'il ne l'est pas, remerciez-le.

A vous.

A. Dumas.

Sous l'administration d'Harel furent encore montées d'autres œuvres de réelle valeur : *Don Sébastien de Portugal*, *le Pacte de Famine* de Paul Foucher, *le Brigand et le Philosophe* de Félix Pyat et A. Louchet, sans compter un essai de spectacle patriotique consacré à l'indépendance de la Grèce, un ballet en trois actes intitulé *Capsali* joué en juin 1838 ; ce fut un mélange de cachuchas et de feux de pelotons qui sombra dans le ridicule. *M*^{me} *de La Vaubalière*, par Rougemont, et enfin *Vautrin* de Balzac, que le Gouvernement crut devoir interdire. Frédérick Lemaître s'y était fait la tête de Louis-Philippe ; de plus, on découvrait, paraît-il, dans cette pièce des allusions politiques blessantes pour la famille royale. En relisant cette énorme comédie, indigne du génie de Balzac, il nous est impossible de le constater. Toujours est-il que *Vautrin* disparut de l'affiche, le lendemain même de la première et unique représentation.

La pièce avait été donnée le 14 mars 1840, devant une salle regorgeant d'écrivains, d'élégantes, d'artistes, de journalistes, de politiciens. Le bruit courait, semé par d'habiles émissaires, qu'un scandale politique éclaterait et, bien que trois commissaires

(Lithogr. de Gavarni.)

UNE LOGE VERS 1832.

de police eussent, par ordre, assisté à la répétition générale, on attendait la manifestation : elle eut lieu plutôt par le fait du directeur Harel que par le désir de

Frédérick Lemaître, pour qui le peintre Louis Boulanger avait dessiné un élégant costume de général mexicain : la perruque et les favoris modifiés entre la répétition générale et la première représentation rappelaient la « poire populaire », qui caricaturait si fort Louis-Philippe. L'entrée du « général » Crustamenté produisit une émotion indescriptible : les uns rirent, les autres sifflèrent, et le duc d'Orléans sortit précipitamment de sa loge; tandis que *Vautrin* s'achevait au milieu du tumulte. Le duc, de retour aux Tuileries, réveillait le roi. « Mon père, on vous ridiculise en plein théâtre, le souffrirez-vous ? » M. de Rémusat, mandé sur l'heure, recevait des ordres formels, et la seconde représentation du drame, sur lequel Balzac avait, bien à tort, fondé tant d'espérances, était interdite le lendemain. Harel, depuis longtemps déjà à la veille de la faillite ; Harel, sur qui un journal de théâtre écrivait le 12 mai 1838 : « M. Harel ne quitte pas sa direction, et Mlle George ne quitte pas Paris, tant pis pour le public », déposait son bilan et, le 26 mars 1840, la Porte-Saint-Martin fermait ses portes pour rouvrir six mois plus tard sous la direction de MM. Cogniard frères, qui montèrent avec quelque succès deux pièces aux tendances philosophiques, *les Deux Serruriers* et *le Chiffonnier de Paris* de Félix Pyat, drame politico-socialiste où Frédérick Lemaître se montra tout à fait remarquable ; puis, ce sont des reprises : *Ruy Blas*, que Frédérick avait créé à la *Renaissance* ; *Richard d'Arlington*, toujours acclamé; et *Trente Ans ou la Vie d'un joueur*. Marie Dorval, engagée de nouveau, se montra,

comme au premier jour, incomparablement émouvante. En 1839, la Porte-Saint-Martin joue *le Pacte de famine*, et c'est l'acteur Mélingue qui en dessine l'illustration. Dans une collection d'autographes que l'exquise obligeance de M. Freund Deschamps, l'érudit collectionneur, nous a permis de feuilleter, nous rencontrons cette curieuse lettre adressée vers cette époque à Frédérick Lemaître par Ducornet (né sans bras), le peintre connu... surtout par son infirmité.

... Mme Delorme m'a fait part du désir que vous avez d'avoir un modèle d'homme de caractère dur, en un mot de physionomie de scélérat. Je m'empresse de vous envoyer l'adresse de celui qui, à ma connaissance, réunit à peu près *ces qualités* : Failly, rue du Faubourg-Saint-Denis, n° 212.

Tout à vous de cœur et d'âme.

DUCORNET
(*né sans bras*).

Le 1er juillet 1842.

A quel rôle peut bien s'appliquer l'énigmatique demande de Fr. Lemaître ?

Une lettre, tirée également de cette précieuse collection, écrite à Frédérick Lemaître par les frères Cogniard, directeurs de la Porte-Saint-Martin, nous montre de quelles façons se traitaient alors les engagements artistiques :

Paris, le 22 juillet 1842.

Voici, mon cher Frédérick, nos offres définitives : 50 francs de feux à vous et à Mme Dorval, et à chacun de vous un *tiers* de la recette excédant 1.200 francs... Songez que nous avons 1.400 francs de frais!... La proportion n'est-elle pas en votre faveur?

Puis viennent : *la Dame de Saint-Tropez*, inspirée de l'affaire de Mme Lafarge ; *Marie-Jeanne*, où l'acteur

(D'après une lithographie de Mélingue.)
LE PACTE DE FAMINE.

Jemma obtint un triomphe à côté de Mme Dorval ; *Don César de Bazan*, où Frédérick Lemaitre fut épique, près de lui Clarisse Miroy obtint le plus brillant succès. *Don César de Bazan* est, avec *Trente Ans*, la pièce que joua le plus souvent Frédérick. Il aimait cette amusante figure de don César, et même, à la fin de sa longue carrière — à soixante-

19

douze ans, nous apprend M. H. Lecomte[1], — il s'y montrait encore absolument remarquable.

Puis, ce sont des reprises : *Trente Ans*, et ses créateurs furent accueillis avec un véritable enthousiasme, et un bordereau de partage nous apprend que Frédérick et Mme Dorval touchèrent chacun pour les quatre premiers soirs la jolie somme de 3.188 fr. 25. Le 15 mai 1843, Frédérick Lemaître remplit le rôle de *Molière* dans *Mademoiselle de Lavalière*, drame en cinq actes et en vers, d'Adolphe Dumas. La pièce n'eut pas de succès ; cependant l'auteur peut écrire : « Si l'ombre de Molière est apparue dans cet auditoire, elle aura pleuré des larmes de Frédérick ; et ce n'est pas trop supposer : de tels génies s'évoquent l'un par l'autre. »

Viennent ensuite *les Sept Infants de Lara*, par Mallefille, *Faruck le Maure*, par Escousse, qui devait s'asphyxier en compagnie de son ami Lebras, quelques années plus tard.

> Et vers le ciel se frayant un chemin,
> Ils sont partis en se donnant la main,

chantait Béranger.

Les frères Cogniard tentèrent alors de rénover la Porte-Saint-Martin. Avec eux c'est le triomphe de la féerie, des décors éblouissants : *Les Mille et Une Nuits*, *la Biche au Bois* font l'étonnement et l'admiration de Paris. Une seule exception : au

---

1. Henry Lecomte, *Frédérick Lemaître*. Paris, 1888.

commencement de juin 1848, par suite d'un arrangement amiable, les artistes se mirent en société, et ce fut pendant cette direction intérimaire que fut représenté le *Tragaldabas* d'Auguste Vacquerie, drame bouffon en vers! Auteur et acteurs pressentaient la lutte. « On sifflera, disait Vacquerie à Frédérick chargé du rôle de Tragaldabas.

— Je voudrais bien voir ça!

— Je m'y attends si bien que j'ai fait un vers à l'adresse des siffleurs. Mais oserez-vous le dire?...

— Aussi bien que vous avez osé l'écrire! »

Et c'est au bruit des sifflets que, devant une salle comble notoirement hostile, mais où Victor Hugo, Balzac, Gautier, Banville, Murger, A. Karr, Dumas, F. Pyat acclamaient l'œuvre, Frédérick put jeter comme un défi les vers célèbres :

> ... Combien de gens voit-on
> Boire du vin, marcher sur deux pieds sans bâton,
> Plaider, se battre en duel à propos de vétilles,
> *Siffler les vers*, mentir, voler, vendre leurs filles,
> Mener enfin un train d'hommes civilisés,
> Qui sont évidemment des ânes déguisés !...

Tragaldabas n'eut que treize représentations et finit sur une recette de 474 francs!

En 1851, la Porte-Saint-Martin donne *les Routiers*, drame en cinq actes par La Tour Saint-Ybars.

Ce La Tour Saint-Ybars était un original, sans grande valeur comme écrivain de théâtre; il n'en était pas moins un homme d'infiniment d'esprit.

levard, interrompit la circulation; à six heures
du soir, on payait 200 francs une stalle d'orchestre.
La représentation fut houleuse; un grand nombre
de scènes furent sifflées, d'autres, acclamées; Frédérick Lemaître fut admirable dans le rôle odieux
du notaire Jacques Ferrand. « Quel acteur que ce
Frédérick!... écrit Gautier... Quand on le retrouve
dans son étude l'air béat et paterne, l'œil amorti
par les lunettes, le dos rond, les mains molles et
tremblantes, comme cherchant des papiers par un
mouvement machinal, le pas lourd et traînant, on
a vraiment peine à croire que ce soit le bandit de
tout à l'heure, à l'allure ferme, au poitrail carré,
au geste impérieux, huré parmi tous ces grouins
qui remuent les fanges de la cité », et Balzac envoie ce curieux billet à Mme Hanska :

Jeudi, 14 février.

... Les *Mystères* ont fini ce matin à une et demie.
Frédérick craignait une congestion cérébrale. Je l'ai
trouvé, hier à midi, couché; il venait de se plonger dans
un bain de moutarde jusqu'au-dessus des genoux! il
avait deux fois perdu la vue la veille. Les *Mystères* sont
la plus mauvaise pièce du monde; mais le talent de Frédérick va causer une fureur de *Mystères*. Comme acteur,
il a été sublime, on ne peut pas décrire ces effets-là, il
faut les voir.

En 1853, la Porte-Saint-Martin donna *le Vieux
Caporal*, pour la rentrée à ce théâtre de Frédérick
Lemaître, qui l'avait quitté après *Tragaldabas* et

tu n'es plus digne de les porter... et je me suis fait teindre ! »

C'était encore lui qui, invité à dîner avec de jolies femmes, interrogeait avec anxiété Sardou, son hôte : « Au moins avez-vous bien dit à ces dames que je faisais des tragédies? »

Le théâtre périclitait; on avait essayé de tout, même du « classique ». — Molière, Corneille et Racine avaient échoué, et c'est lors de ces représentations que l'on fit à cette demande : « Qu'est-ce qui jouait le Misanthrope », cette étonnante réponse :... « Le caissier ! »

Marc Fournier prend la direction et relève le niveau artistique avec *Claudie* de George Sand, où Bocage et Lia Félix sont remarquables, et *Toussaint Louverture* de Lamartine, représenté le 6 avril 1850. C'est un poème dialogué plus qu'un drame, et, malgré le génie de l'auteur et le talent de Fr. Lemaître, ce n'est qu'un succès d'estime. — « Trop de nègres, disait-on, trop de nègres! C'est la bouteille à l'encre ! »

Le 13 février 1844, la première représentation des *Mystères de Paris* fut un événement. Le roman si populaire d'Eugène Sue avait à ce point surexcité les imaginations; le prince Rodolphe, Fleur de Marie, le Chourineur, Cabrion, Pipelet et Jacques Ferrand avaient si fort ému les innombrables lecteurs du plus populaire des romans-feuilletons que, dès le matin, une queue formidable se forma rue de Bondy qui, à deux heures, envahissant le bou-

avait bien voulu m'accompagner. Elle était jeune...
très jeune... trop jeune. Un jour, à Venise, je me

A. DE LAMARTINE.

suis vu près d'elle dans une glace, et j'ai été saisi
de honte. A ton âge, me suis-je dit, te conduire
comme un gamin, tu déshonores tes cheveux blancs,

Émile Augier, qui l'avait beaucoup connu, racontait de lui des mots charmants. L'une de ses pièces avait été interdite sous je ne sais quel prétexte. Il avait protesté, et le Ministre d'alors, tout en maintenant son refus, avait prié La Tour Saint-Ybars d'accepter 3.000 francs en dédommagement du préjudice subi : La Tour avait remis noblement sous enveloppe ces quelques billets de banque et les avait retournés au ministre avec cette éloquente protestation :

Monsieur le Ministre,

Votre Excellence ne devrait pas ignorer que l'argent est une chose honteuse qui ne se sauve que par la quantité !

La Tour Saint-Ybars était à la fois très joueur et très catholique, et on assurait lui avoir entendu s'écrier, un soir que la malechance le poursuivait inexorablement au baccara : « Seigneur, Seigneur, épargne-moi une bûche... ou je me donne à Voltaire ! »

Un jour, Augier le rencontre avec des cheveux d'un noir de jais, alors que, quelques semaines auparavant, il l'avait laissé poivre et sel... plutôt, sel. « Je vous félicite vraiment, La Tour ; vous rajeunissez à vue d'œil.

— Ah ! oui, c'est pour mes cheveux que vous me dites cela ! Que voulez-vous, mon ami. Voici leur histoire : Il y a quelque temps j'ai fait une fugue en Italie. Je n'y étais pas seul. Une jolie personne était allé porter son talent sur d'autres scènes. L'avènement de l'Empire et le rétablissement de la censure avaient largement écourté le répertoire du grand artiste : *Richard d'Arlington*, *l'Auberge des Adrets*, *Robert Macaire* étaient interdits ; *Ruy Blas*, supprimé, ainsi que *le Chiffonnier de Paris* ; il y avait nécessité pour Frédérick Lemaître de se créer de nouveaux rôles. C'est alors que Dennery conçut l'idée du *Vieux Caporal*, un soldat à qui son général mourant a confié un nom de femme. Ce nom, Simon, le *Vieux Caporal*, devra le dire à un notaire, et ce sera le talisman qui sauvera la vie et la fortune d'une enfant abandonnée. Or, ce malheureux Simon, prisonnier des Russes, est blessé et cru mort ; et c'est pendant une messe dite pour le repos de son âme qu'il revient à son village natal. Accusé de vol, le pauvre homme veut crier sa justification : des sons inarticulés sortent de sa gorge, l'indignation et la colère l'ont rendu muet. Il ne retrouvera la parole que pour le dénouement et, bien entendu, saura sauver la vertu et confondre le crime. C'est un gros succès d'interprétation. Frédérick était, paraît-il, sublime de douleur, de passion, de colère : la salle entière frissonnait sous son regard d'aigle. « Il n'y a pas de style qui puisse traduire la pantomime de ce grand artiste, écrivait Jules de Prémaray dans *la Patrie*, Frédérick muet ne peut se comparer qu'à Homère aveugle. »

Le 21 avril 1854, la Porte-Saint-Martin donna *la Bonne Aventure*, drame en cinq actes de Paul Foucher, Dennery et Dinaux. — Je me contenterai de copier les dix premières lignes du *Compte Rendu* de cette pièce étrange et qui n'eut d'ailleurs qu'un succès... restreint. « Au prologue de la pièce, nous nous trouvons chez Alberta, nécromancienne, rayonnante de toilette et de beauté dans son ameublement de satin bleu. Alberta n'est autre que la veuve d'un pirate exécuté à Constantinople et qui a pu se soustraire par la fuite à l'échafaud qu'on lui réservait pour complicité dans divers crimes. Un jeune ambitieux, Anatole Ducormier, connaît le secret d'Alberta ; il en profite pour disposer d'elle et de sa science »..., etc.

MADAME MARIE LAURENT
DANS LES « CHEVALIERS DU BROUILLARD »

Paul Meurice fait représenter avec grand succès *Schamyl*. Mélingue s'y montra parfait, et la pièce tout entière n'était qu'une suite de tableaux à effets destinés à faire valoir ses grandes qualités. Les décors eux-mêmes contribuaient à son triomphe : Fr. Febvre, dans ses *Souvenirs*, raconte que, débutant à la Porte-Saint-Martin et jouant le rôle d'un jeune Circassien, il arpentait, à une répétition, un superbe praticable qui se perdait dans les frises. Soudain il est arrêté par la voix furieuse du régis-

seur : « Qu'est-ce que vous f...aites là ! Voulez-vous bien descendre !... A-t-on jamais vu !... Mais c'est la montagne de M. Mélingue ! » Un soir, au tableau où les sentinelles russes tirent sur Schamyl, on s'aperçut, en inspectant les armes, que les fusils étaient chargés à balle. — Qui menaçait-on, Mélingue ou l'Empereur qui devait assister à la représentation? — On ne l'a jamais su. — A cette époque, Mélingue, qui gagnait 300 francs par soirée, était l'artiste le plus payé des théâtres du boulevard.

Puis, c'est une série de drames à grand spectacle : *les Nuits de la Seine, les Chevaliers du Brouillard*, où Mᵐᵉ Marie Laurent est acclamée dans le rôle de Jack Sheppard, qu'elle interprète merveilleusement : ce n'est plus une femme, c'est un vrai gamin de Londres ; et, sous tous les déguisements qu'il revêt, sous tous les avatars par lesquels il passe, filou, grand seigneur, garçon menuisier, femme ivre, prisonnier ou fils prodigue et repentant, Jack Sheppard amuse, impressionne, inquiète et

L. PÉRICAUD
DANS « LE BOSSU ».

conquiert le public ; Mᵐᵉ Marie Laurent fit de ce rôle une admirable création ; puis viennent *Richard III ; le Fils de la Nuit ; Benvenuto Cellini*, où Mélingue triompha ; c'est dans cette pièce que ce charmant comédien, qui était, de plus, un statuaire de talent, modelait en scène une statue d'Hébé ; enfin, le 8 septembre 1862, *le Bossu*. C'est un immense succès. Anicet Bourgeois et Paul Féval

LE BOSSU

DRAME EN CINQ ACTES
ET DOUZE TABLEAUX
PAR
MM. ANICET BOURGEOIS ET PAUL FÉVAL

REPRÉSENTÉ POUR LA PREMIÈRE FOIS, A PARIS, SUR LE THÉATRE DE LA PORTE SAINT-MARTIN, LE 8 SEPTEMBRE 1862.

DISTRIBUTION DE LA PIÈCE

LAGARDÈRE	MM. Mélingue.	BRÉANT	A. Louis.
GONZAGUE	Baindeau.	LACROIX	Becqueville.
CHAVERNY	Demarst.	1er Bourgeois	Uchérard.
LE RÉGENT	Antonin.	2e Bourgeois	Leroy.
NEVERS	Hodin.	Un architecte	Lansot.
NAVAILLE	P. Alhaiza.	BLANCHE DE CAYLUS	Mmes Raucourt.
COCARDASSE	Vannoy.	BLANCHE DE NEVERS	Defodon.
PASSEPOIL	Laurest.	FLOR	Nantier.
D'ARGENSON	Chéry.	PEPITA	Mariquita.
BONNIVET	Montal.	Un page	E. David.
TONIO	Caliste.	ANGÉLIQUE	Louise.
PEYROLLES	Delaistre.	MADELEINE	Munié.
CARRIGUE	Flécay.	MARTINE	Maignt.
STAUPITZ	A. Durand.	1re Bourgeoise	Morin.
NATHANIEL	Bousquet.	2e Bourgeoise	Martin.

— Tous droits réservés —

signent la pièce ; un nom manque sur l'affiche qui
aurait dû s'y lire avant tous les autres : celui de

V. Sardou. « C'est lui, en effet, nous apprend la très complète étude écrite sur son illustre père par André Sardou, qui, en collaboration avec Paul

« PATRIE », IVe ACTE. — L'HÔTEL DE VILLE.

Féval, écrivit *le Bossu*. L'ouvrage ne fut même pas lu par Fournier, directeur de la Porte-Saint-Martin, qui plus tard le fit jouer avec tant de succès. Féval obtint de Sardou l'autorisation de transformer la pièce en roman, et c'est de ce roman que plus tard fut extraite la seconde version de la pièce, sans que le tout ait jamais rapporté un centime de droits à Sardou. » Mélingue y fut admirable, et Vannoy, dans sa pittoresque création de Cocardasse, y eut un gros succès personnel. Ce fut après lui l'excellent

Péricaud qui arbora fièrement le feutre effiloqué du vieux maître d'armes et sut se faire applaudir à son tour. Le croirait-on, Mélingue hésita longtemps à jouer *le Bossu*. Mme Mélingue s'opposait à ce que son mari s'affublât, même momentanément, de la bosse célèbre de l'illustre Lagardère !

Jusqu'au bout, avons-nous dit, cette pièce devait rapporter des ennuis à son véritable auteur. Il y eut dans *le Figaro* une forte polémique à son sujet, dans laquelle Féval se montrait plus qu'ingrat envers Sardou qui devait facilement avoir le dernier mot d'ailleurs, et qui, dans une riposte définitive, concluait ainsi : « Paul Féval a décidément toutes les chances; il signe seul *le Bossu*, je ne suis pas nommé; on lui paye même son article d'attaque et je lui réponds gratuitement, moi qui ai écrit toute la pièce de ma main et, sauf de légères différences, telle qu'on la joue, il était dit que *le Bossu* ne me rapporterait jamais rien... au contraire ! »

Ce fut le dernier succès de la direction Marc

MADEMOISELLE THÉRÉSA.
VERS 1867.

Fournier — qui, après avoir vainement tenté le succès en montant des féeries dans lesquelles il introduisait des numéros exceptionnels, des dompteurs, des danseuses étoiles ou de sensationnels chanteurs, comme Thérésa et Darcier dut passer la main et céder en 1868 la direction à Raphaël Félix, frère de Rachel. Après une assez longue fermeture du théâtre, Félix eut l'heureuse chance d'hériter du dernier traité signé par son malheureux prédécesseur : V. Sardou s'était engagé à fournir un drame à la Porte-Saint-Martin : ce drame était *Patrie*. C'est le 18 mars 1869 que fut donnée la première représenta-

LEMAINE, VERS 1865.

tion de cette œuvre magistrale. Elle succédait à *Cadio* de George Sand qui, malgré de grandes qualités, n'avait pas obtenu le succès attendu. Roger, l'ancien ténor de l'Opéra, avait été engagé tout spécialement, et ce fut une déception, d'autant que le malheureux acteur, ayant perdu son bras droit dans un accident de chasse, se servait difficilement d'un bras mécanique ; à deux reprises, en scène, des incidents pénibles se produisirent. Bref, un succès d'estime : c'est alors que triompha *Patrie*. Le nom de Sardou fut acclamé. Gévaërt, le musicien Belge, avait autrefois demandé à Sardou de lui faire un libretto sur le siège de Leyde à l'époque du duc d'Albe et lui avait envoyé de précieux documents dont : l'*Histoire des Pays-Bas* par Lothorp Motley — (à qui d'ailleurs Sardou dédia *Patrie*). — Ce fut dans cet ouvrage que Sardou trouva l'allusion à un patriotique complot dénoncé par une femme jalouse, qui sert de pivot à l'œuvre admirable de Sardou. Ce beau drame, vibrant d'héroïsme, de liberté, de patriotisme et d'abnégation, rallia tous les suffrages : Dumaine, Berton, Charly, Ch. Lemaître, Fargueil et Léonide Leblanc en furent les excellents interprètes, et la Porte-Saint-Martin reconquit son ancienne gloire. Ce devait être la dernière soirée de fête donnée en cette vieille salle de la Porte-Saint-Martin, inaugurée en 1781.

LÉONIDE LEBLANC
DANS « PATRIE ».

En 1870, pendant le siège de Paris, alors que tous les théâtres avaient spontanément fermé leurs portes à dater du 17 septembre, jour de l'investissement, la Porte-Saint-Martin organisa, comme l'Ambigu, quelques représentations patriotiques. C'est à la Porte-Saint-Martin que, le 5 novembre 1870, une audition des *Châtiments* fut offerte par la Société des Gens de lettres; le produit de la recette était destiné à la fonte d'un canon devant por-

THÉATRE DE LA PORTE St MARTIN.

ter le nom de son illustre président d'honneur, Victor Hugo.

Il nous a paru curieux de reproduire ce programme. Les meilleurs artistes de Paris, ceux qui si simplement firent leur devoir dans les rangs de l'armée ou sur les remparts, avaient tenu à se faire les interprètes des strophes enflammées et vengeresses du grand poète.

Pour cette solennité, le Comité avait fait imprimer et distribuer l'avis suivant :

5 NOVEMBRE 1870

AUDITION DES CHATIMENTS DE VICTOR HUGO

AU THÉATRE DE LA PORTE-SAINT-MARTIN

La Société des Gens de lettres a voulu, elle aussi, donner son canon à la défense nationale, et elle doit consacrer à cette œuvre le produit d'une *Matinée littéraire*, dont son président honoraire, M. Victor Hugo, s'est empressé de fournir les éléments. L'audition aura lieu mardi prochain, à deux heures précises, au théâtre de la Porte-Saint-Martin. Les principales pièces des *Châtiments* y seront dites pour la première fois, par l'élite des artistes de Paris.

PROGRAMME

PREMIÈRE PARTIE

Ouverture..............	WEBER.
Notre souscription........	JULES CLARETIE.
Les Volontaires de l'An II..	TAILLADE.
A ceux qui dorment.......	Mlle DUGUÉRET.
Hymne des transportés....	LAFONTAINE.
La Caravane.............	Mlle LIA FÉLIX.
Souvenir de la nuit du 4...	FRÉDÉRICK LEMAITRE.

DEUXIÈME PARTIE

Adagio...................	Mozart.
L'Expiation..............	Berton.
Stella....................	Mlle Favart.
Chansons................	Coquelin.
Joyeuse Vie..............	Marie Laurent.
Patria (musique de Beethoven) chantée par.......	Mme Gueymard-Lauters.

Le conférencier, les spectateurs, les artistes, l'orchestre, le public, étaient généralement en uniforme, les femmes en habits de deuil. La salle se montrait enthousiaste et recueillie, et le canon faisait entendre sa voix sinistre au milieu du religieux silence des spectateurs, émus jusqu'aux larmes.

On commença par jouer *la Marseillaise*, puis Jules Claretie, alors Président de la Société des Gens de lettres, avec tout son cœur, tout son talent, toute sa patriotique émotion, dit simplement, gravement, éloquemment les raisons de cette matinée. Il lut la réponse de Victor Hugo à la demande qui lui avait été faite, offrant son œuvre, mais déclinant pour lui-même l'honneur de baptiser de son nom le canon payé par cette représentation et qui se terminait ainsi : « Que ce canon venge les mères, les orphelines, les veuves, qu'il venge les fils qui n'ont plus de pères, et les pères qui n'ont plus de fils, qu'il venge la civilisation... Que ce canon soit implacable, fulgurant et terrible, et quand les Prussiens l'entendront gronder, s'ils demandent : « Qui es-tu ? » qu'il réponde : « Je suis le coup de foudre et je m'appelle *Châteaudun*. »

Jules Claretie termina aux applaudissements de tous sa vibrante allocution.

Puis, les artistes dirent ces vers magnifiques et furent acclamés. Un exceptionnel enthousiasme salua Frédérick Lemaitre, qui jamais ne fut plus admirable ni plus émouvant. Ce fut un triomphe. la recette s'éleva à près de 8.000 francs. Le lendemain, Claretie recevait de V. Hugo le billet suivant :

Cher et cordial Confrère,

Vous avez prononcé des paroles qui me touchent. Mon cœur les a entendues.

Il y a entre nous de l'inoubliable : la Rentrée en France, cette matinée des *Châtiments* y ajoute un poignant souvenir.

Ex imo.

Victor Hugo.

Une seconde représentation composée des mêmes éléments et donnée à l'Opéra où Sarah Bernhardt fit la quête pour les blessés dans un casque prussien, eut le même succès. Et c'est ainsi que la Société des Gens de lettres put offrir, en 1870, deux canons à la Défense nationale.

Pendant le siège de Paris et pendant la Commune le théâtre resta fermé, puis l'incendie le dévora pendant la sinistre semaine de mai : durant bien des mois ses grands murs noircis par les flammes se dressèrent sinistres au milieu des ruines avoisinantes ; enfin, le 28 septembre 1873, la Porte-Saint-Martin reconstruite rouvrit ses portes au public. Les marches qui descendaient sur le boulevard avaient été supprimées. C'est par *Marie Tudor* que la nouvelle salle fut inaugurée. Une ovation formidable accueillit Frédérick Lemaitre vieilli, mais toujours superbe d'allure, qui jouait *le Juif*. C'était l'évocation du grand passé d'art de ce théâtre que saluait la foule reconnaissante dans la personne de son plus illustre interprète. M⁽ᵐᵉ⁾ Marie Laurent, Dumaine, Taillade, complétaient un bel ensemble, un peu âgé toutefois, et la pièce ne put tenir longtemps l'affiche. *Libres*, d'Edmond Gondinet, lui succéda ; puis vinrent des reprises : *Don Juan d'Autriche*, *Henri III et sa cour*, et finalement l'éternel *Pied de Mouton* ; mais les recettes étaient maigres, et le théâtre périclitait quand *les Deux Orphelines* de Dennery sauvèrent la situation, fortement

(Coll. H. Lecomte.)
FRÉDÉRICK LEMAITRE.

compromise : Laray, Taillade, Sophie Hamet furent acclamés et firent couler bien des larmes ; pendant plus de cinq mois la pièce tint l'affiche et donna à la direction le temps de monter comme il convenait le *Tour du Monde*, qui devait fournir une inépuisable carrière (7 novembre 1874).

DUMAINE, DANS « MARIE TUDOR ».

Pendant 415 représentations consécutives cette féerie scientifique fut représentée avec le plus grand succès. Jules Verne et Dennery, qui fort habilement avaient mis au point pour le théâtre l'œuvre si connue du grand romancier populaire, triomphèrent très justement ainsi que les interprètes : MM. Dumaine (Archibald Corsican), Lacressonnière (Philéas Fogg), Vannoy (Fix), Alexandre (Passe-Partout), Machanette (Un Brahme), Mᵐᵉ Moreau (Aouda), Patry (Néméa), etc. Une reprise de *la Jeunesse des Mousquetaires* succéda au *Tour du Monde ;* mais *les Mousquetaires* parurent bien fatigués : Taillade, Dumaine et Larray furent de bons et adroits comédiens ; mais, en réa-

LES THÉÂTRES DES BOULEVARDS

THÉÂTRE DE LA PORTE SAINT-MARTIN. — LES ÉTRANGLEURS DE PARIS, drame en cinq actes et douze tableaux, de M. Adolphe Belot.
Le grand escalier de l'Opéra. — L'hôtel du Rhin. — La Roquette. — Le Quai d'Auteuil. — Le Pont-Neuf. — 1880

lité, ils manquaient de la flamme juvénile qui caractérisait les héros du bon Alexandre Dumas. *Les Exilés* ne réussirent qu'à moitié, malgré le grand talent dépensé par Taillade dans le personnage de Schelm, un policier-traître, et de fort beaux décors. Une reprise du *Bossu* fournit à l'acteur Deshayes l'occasion d'écrire à Mme Vve Anicet Bourgeois une lettre épique qui se terminait par cette phrase :

... Si vous avez été contente, Madame, en lisant mon éloge, moi, j'ai *osé*, en rentrant le soir de la première, regarder *sans trop trembler le buste de votre mari*...

La grande ombre d'Anicet Bourgeois a dû être bien flattée, et Sardou, le véritable auteur du *Bossu*, a dû bien rire !

Puis viennent une *Cause célèbre* par Dennery et Cormon, et *les Misérables* (22 mars 1878). Dumaine est admirable en Jean Valjean, Taillade parfait en Javert, Lacressonnière excellent dans l'évêque Myriel. C'est un grand succès ; la petite Daubray fait pleurer tout Paris dans cette exquise figure d'enfant, Cosette ; et Machanette, le bon Machanette, goûte enfin la joie de faire trembler la Porte-Saint-Martin des éclats de sa terrible voix au septième tableau (dix heures et demie du soir) (*l'Affaire Champmatieu*) ; il en abuse, et la salle applaudit ce vieux brave homme.

Le 27 décembre, la première représentation des

Enfants du Capitaine Grant permet au vieil acteur Ravel de reparaître, sous les traits comiques et sympathiques du savant Paganel, aux yeux du public parisien ; mais le succès de la pièce est bien loin d'égaler le triomphe du *Tour du monde en quatre-vingts jours*, et les reprises succèdent aux reprises : *la Dame de Montsoreau*, aux *Mystères de Paris* et à *Cendrillon*.

Les Étrangleurs de Paris (17 mars 1880), drame féroce de Belot, n'a qu'une piètre fortune, malgré les horreurs que l'auteur y a accumulées. Je coupe dans un compte rendu de l'époque cette simple phrase, qui donne une idée de la tonalité générale de l'œuvre : « Dans un accès de jalousie, Lorenz étrangle sa femme, suivant, dans son mode de procéder, l'exemple que lui a donné son beau-frère... » Ces quelques mots expliquent à la fois de la plus éloquente façon et le titre et l'insuccès de la pièce. Une note vraiment comique se fit entendre, non de la scène, hélas ! mais de la salle : lorsque le rideau s'était levé, au sixième tableau, sur la cour de *la Grande Roquette*, un titi s'écria : « C'est pas vrai ! la fontaine est à gauche ! »

Le Voyage à travers l'impossible (25 novembre 1882) est un four complet. On y cueille des phrases de ce genre : « Chimistes et physiciens qui découvrez les lois de la combinaison des gaz et faites de l'étincelle électrique l'espoir du xxe siècle, savez-vous bien que vous perpétrez une œuvre infâme, que vous faites chanceler la raison humaine et que vous menez la société au rêve, du rêve à l'insenséisme et de l'insenséisme à la mort ! »

Voilà le ton général... et c'était un spectacle pour les enfants ! Que nous voilà loin du *Chœur de Saucissons* d'autrefois qui faisait rire nos pères !

Et nous, d'où qu'nous v'nons,
Nous, les saucissons ?

Le compère, après réflexion :

Du saucissonnier... sans doute !...

Le Pavé de Paris de Belot succède au *Voyage à travers l'impossible*, et c'est un autre genre de folie. Un assassin traqué, acculé, s'est réfugié dans une cave, il se croit perdu ; par un de ces hasards providentiels qui n'arrivent qu'aux assassins, une trappe s'ouvre sous ses pieds pendant qu'au-dessus de sa tête pend une solide corde à nœuds et finalement, sur un rêve patriotique, la toile tombe.... la pièce aussi. Puis, une succession de reprises : *le Crime de Faverne, la Faridondaine, le Bossu* ; et Sarah Bernhardt, le 17 septembre 1883, joue *Froufrou* avec son habituelle maîtrise ; mais la grande première de la Porte-Saint-Martin ne se donne que le 20 décembre. C'est *Nana Sahib* de Jean Richepin.

Sarah Bernhardt est absolument remarquable dans le rôle de Djamma. Avec quel art délicieux et captivant elle soupire

J'aime Nana Sahib et veux qu'on l'aime aussi.

Le drame (sept actes, en vers) paraît long ; un

élément de succès vient toutefois s'ajouter bientôt au bon accueil fait par le public à la pièce nouvelle :

le 26 décembre, l'acteur Marais, indisposé, est remplacé par Jean Richepin lui-même dans le rôle de *Nana Sahib*, et c'est un vrai régal d'artiste que d'entendre ce noble poète, faire sonner les vers admirables dont son œuvre est pleine.

Sarah Bernhardt redouble d'efforts et de talent ; la fameuse voix d'or emplit la vaste salle de la Porte-Saint-Martin, et tout Paris vient applaudir ces deux beaux artistes dans leur passionnant duo d'amour.

En 1884, Sarah Bernhardt interprète superbement *la Dame aux Camélias*; mais la première sensationnelle, c'est *Théodora*. Quelle inoubliable représentation ! Quel chef-d'œuvre de couleur, de mise en scène, d'esprit et d'habileté !

Jamais, je crois, jusqu'alors le théâtre n'avait offert un plus impressionnant tableau que celui qui termine l'acte de *la loge impériale*. Philippe Garnier, beau comme un César Romain ; Sarah, dans une pose hiératique et drapée comme elle seule sait le faire en d'incomparables étoffes ; toute cette reconstitution d'une cour byzantine, le velum de pourpre, le cirque, les esclaves, les sénateurs, les belluaires, les bohémiens et les bourreaux.

C'était le plus merveilleux des spectacles. Encore une fois le maître Sardou avait su donner à Paris la grande fête des yeux et de l'esprit.

Théodora fut un énorme succès. Quelques commentateurs de textes, de ceux qui, suivant le si joli mot de Jules Janin, « savent tout, mais ne

(Dessin d'A. Marie.)

« THÉODORA », LA LOGE IMPÉRIALE.

savent que cela », eurent la mauvaise idée de chercher noise à Sardou sur des points de détail. L'auteur de *Théodora*, qui n'aime rien tant que de semblables batailles, s'en donna à cœur joie et eut bien vite de son côté les rieurs comme il avait eu les spectateurs, et pendant de longs mois la buraliste de la location connut à la Porte-Saint-Martin les joies du « maximum ». Le 21 décembre 1886, Sardou donne *le Crocodile* avec Marais, Francès et la jolie Mlle Legault, mais cette pièce ne réussit qu'à moitié, et c'est seulement en 1887, avec *la Tosca*, que, le 24 novembre, le théâtre retrouvera le succès de *Théodora*. Sardou et Sarah Bernhardt triomphent à nouveau. La presse est sévère, mais le public casse vite son jugement. Sarcey déclare que c'est une pantomime, et Sardou de répondre : « Je savais déjà Sarcey aveugle, je ne le savais pas sourd, il n'avait vraiment pas besoin de cette nouvelle infirmité ! »

Puis il adresse ce court billet à M. Laforêt, qui lui avait offert l'hospitalité de son *Carillon Théâtral* :

MON CHER LAFORÊT,

Je n'ai pas le loisir d'improviser une réponse aux objections faites à ma pièce par les critiques sérieux, compétents et vraiment dignes de ce nom. Quant aux insanités et aux invectives dictées par l'envie, la sottise, l'ignorance et la mauvaise foi, elles ne méritent que mon mépris.

Cordialement.

V. SARDOU.

Sarah, merveilleusement entourée par Pierre Berton et Dumény, deux excellents artistes au talent rare, fit de *la Tosca* l'une de ses plus remarquables créations. Après le meurtre de Scarpia,

THÉÂTRE DE LA PORTE-SAINT-MARTIN
LE CROCODILE

alors que les tambours roulent la diane, que le jour se lève sur Rome endormie, Sarah, avec un geste sublime, encadrait la tête de l'homme qu'elle venait de tuer avec les deux flambeaux éclairant la table du souper et plaçait sur la poitrine du mort un crucifix décroché du mur. C'était superbe!

Dumény fut charmant de jeunesse, de grâce, d'esprit, et Berton dessina de main de maître cette cynique figure de Scarpia, ce gredin béat, aurait dit Victor Hugo !

Dès les premiers jours du mois d'octobre 1890, les conservateurs du Cabinet de Numismatique à la Nationale furent en proie à d'incessantes visites, et c'était à *Cléopâtre*, la pièce nouvelle de V. Sar-

(Collect. de la Bibl. de l'Opéra.)
LE DÉCOR DU « CHEVALIER DE MAISON-ROUGE » : LA BERGE DE LA SEINE.

dou et Moreau, qu'ils devaient tout ce dérangement. Les écrivains chargés de documenter et d'instruire leurs lecteurs, les artistes chargés d'interpréter les rôles, les costumiers chargés d'habiller les artistes, les décorateurs, les tapissiers, les coiffeurs, les cartonniers, les armuriers, tous les métiers qui touchent au théâtre, venaient interroger les érudits numismates au sujet de la reine d'Égypte, de la fille des Lagides, de la célèbre courtisane ; on réédita l'opinion de Pascal sur le nez de Cléopâtre « qui, plus court, eût changé la face du monde ». Plutarque eut les honneurs de

(Cliché Reutlinger.)
MADAME SARAH BERNHARDT DANS « LA TOSCA ».

l'actualité ; on discuta sur la bataille d'Actium. Malgré tout, la pièce n'a pas le succès espéré. L'admirable artiste A. Antoine, dont l'intelligente volonté eut une si grande répercussion sur tout le théâtre contemporain, et sa remarquable troupe donnent quelques représentations de leur répertoire dans le théâtre de la Porte-Saint-Martin désemparé ; puis, ce sont des reprises : l'éternel *Courrier de Lyon*, le *Chevalier de Maison-Rouge* auxquels succèdent, ô contrastes ! l'impératrice *Faustine* et le *Petit Faust* avec J. Granier dans le rôle de Marguerite, et cette œuvre amusante est perdue dans ce trop vaste cadre !

Le 12 novembre 1891, la Porte-Saint-Martin remise à neuf, redorée, transformée, rouvre ses portes sous la direction nouvelle de M. Émile Rochard, par la première représentation du *Voyage dans Paris* de Blum et Toché. C'est un insuccès, et les reprises continuent à défiler : *les Deux Orphelines*, — avec Mme Honorine, admirable dans le rôle effrayant de *la Frochard*, — le *Voyage dans la Lune*, *Martyre*, etc... Le *Maître d'Armes* permet d'applaudir Taillade bien vieilli ; puis *les Mousquetaires* et *le Bossu* refont leur apparition coutumière. Mlle Leconte, la future sociétaire de la Comédie-Française, y est charmante sous les traits de Blanche de Nevers, et l'excellent Péricaud dessine un Cocardasse digne du crayon de Jacques Callot.

Enfin *Latude* conte ses malheurs et tresse son échelle de corde pendant quelques soirées sur cette scène malchanceuse, et l'année 1893 finit sur la représentation de *Napoléon* par L. Martin-Laya, une sorte d'imagerie d'Épinal, brossée non sans talent, et qui fait revivre, comme en une lanterne magique, les éblouissants tableaux du Consulat et de l'Empire. *Waterloo* surtout est acclamé, et Cambronne a l'honneur de lancer à pleine voix le mot symbolique qui termine cette lutte titanesque.

Philippe Garnier fut remarquable, tout au moins dans la première partie : son profil de médaille, son masque

MADAME HONORINE
RÔLE DE LA « FROCHARD ».

césarien, sa nervosité même faisaient de lui une vivante réincarnation de Bonaparte ; Napoléon manquait d'ampleur ! Mme Tessandier jouait avec son habituelle maîtrise le rôle de Madame Mère ; et Germaine Gallois, belle à ravir et habillée d'adorable façon, semblait une délicieuse miniature d'Isabey détachée de son cadre.

Incomplète, décousue, hâtive, cette pièce curieuse n'en obtint pas moins un très vif et très artistique succès de curiosité.

Au tableau du « soleil d'Austerlitz » et pendant que l'orchestre jouait le fameux *Ran tan plan tire lire*, qui si souvent accompagna la Grande Armée marchant au combat, la garde impériale dut *donner* trois fois : une fois, la première, sur l'ordre impérieux de Napoléon, et les deux autres, sur les rappels réitérés d'un public électrisé !

Les nerfs étaient tendus, les courages éveillés, les voix frémissantes, et deux spectateurs se gifflèrent copieusement à la sortie aux cris de : « Vive l'Empereur ! »

Le 4 mai 1894, Taillade interprète *Tibère à Caprée*, et c'est une belle apparition que celle du vieil acteur au masque tragique, à l'œil dur, drapé avec une science rare dans le peplum antique. Cet artiste, on le sent, a manqué sa carrière : sa vraie place eût été à la Comédie-Française, que son grand talent, si personnel, eût certainement honorée. Sur la fin de sa vie il court le cachet, quêtant d'insuffisants engagements, se montrant dans d'infimes théâtres. C'est la triste fin d'une belle vie et, dans les bravos du public, on devine qu'il y a comme un remords d'avoir si mal récompensé un pareil artiste.

Lorsque parut la brochure de *Cyrano de Bergerac*, Edmond Rostand écrivit sur la première page cette flatteuse dédicace :

C'est à l'âme de Cyrano que je voulais dédier ce poème ; mais, puisqu'elle a passé en vous, Coquelin, c'est à vous que je le dédie.

E. R.

Et cette dédicace disait vrai. En effet, depuis quelque temps, Coquelin, — l'irremplacé transfuge de la Comédie-Française, — avait pris possession du théâtre de la Porte-Saint-Martin. Il avait apporté sur cette scène que semblait abandonner la chance son immense talent, sa science du théâtre, ce don de la vie qui émane de toute sa personne, et ceux qui aiment Coquelin, non seulement parce que c'est un artiste incomparable, mais encore parce que c'est un brave homme, dans toute l'admirable acception du mot, humain, charitable, doux aux malheureux, avaient bien vite repris le chemin de la Porte-Saint-Martin. Il y eut de belles soirées d'art : *Jean Bart*, du noble poète Edm. Haraucourt, y brandit sa hache d'abordage ; *Messire du Guesclin* y sortit sa grande épée ; et *Jacques Callot* l'œuvre amusante et pittoresque de MM. Henri Cain et Adenis, y apporta sa gaieté, son esprit, sa joyeuse fantaisie, mais c'est surtout la soirée du 28 décembre 1897, qui restera comme une grande date, non seulement au théâtre de la Porte-Saint-Martin, mais encore dans les annales dramatiques : ce fut en effet ce soir-là que se donna la première représentation de *Cyrano de Bergerac*, d'Edmond Rostand.

Ce délicieux poète n'était jusqu'alors connu des délicats, des lettrés, que par des œuvres charmantes, pleines de fantaisie, de grâce et d'esprit : *les Romanesques* (à la Comédie-Française), *la Princesse Lointaine* et *la Samaritaine* (à la Renaissance). C'étaient plus que de belles promesses, mais *Cy-*

rano de Bergerac les dépassa tellement, qu'il faudrait, pour retrouver semblable triomphe, remonter aux récits épiques des grandes premières de Victor Hugo. Je ne puis mieux faire que de conter la « répétition générale » à laquelle nous eûmes l'heureuse chance d'assister. Depuis quelques jours, on prophétisait le succès. Coquelin, tout feu tout flamme, débordant de gaîté, d'espérance, d'enthousiasme, était venu en compagnie de l'auteur consulter les vieilles estampes de Carnavalet : il s'agissait de reconstituer le théâtre de l'Hôtel de Bourgogne avec ses marquis tapageurs sur la scène, son orchestre ridicule, ses moucheurs de chandelles, ses comédiens emphatiques, que devaient contempler les belles précieuses et les élégants seigneurs faisant galerie au balcon.

Tout en feuilletant nos cartons, l'excellent Coquelin n'avait pu résister à la joie de lancer quelques-unes des merveilleuses tirades de son rôle et nous avions tous tressauté d'admiration. Mais, enfin, aucun de nous n'osait espérer une si complète victoire.

La salle était sceptique et réservée, déjà les bonnes langues s'exerçaient dans les couloirs... Oh! que tout changea vite d'aspect; dès la première moitié du premier acte, debout et frémissants, emballés par ce prodigieux génie dramatique, nous acclamions l'admirable auteur et le merveilleux Coquelin. Quel talent, quelle fantaisie, quelle verve ! et chaque acte déchaînait de nouveaux tonnerres d'applaudissements, on riait, on pleurait aussi. C'était le vers de Hugo, de Gautier, de Banville qui sonnait clair, spirituel, précis, joyeux, sur cette vieille scène parisienne. Nous savions de longue date combien de mirifiques moyens Cyrano avait inventés pour parvenir jusqu'à la lune, et nous assistions, émerveillés, à l'ascension de Rostand décrochant les étoiles.

Et cet unique, ce stupéfiant Coquelin, avec sa voix sonore lançait, de quel cœur, avec quel enthousiasme communicatif, ces vers étincelants... et ça nous rappelait Nicolet, ... de plus fort en plus fort. Autour de Coquelin, Jean Coquelin (Ragueneau), digne fils de son admirable père; Volny (Christian); Gravier, le bon Péricaud; Mlle Legault, rivalisaient d'art, de verve et d'esprit, et Desjardins dessinait avec son habituelle maîtrise le rôle difficile du comte de Guiche, ce grand seigneur hautain, mélancolique et désabusé.

Tout concourait au triomphe; le talent des artistes, la beauté des décors, la splendeur de Coquelin mettaient en valeur le génie de Rostand, et ce fut une des joies de Paris, ému et reconnaissant, que ce triomphe de *Cyrano de Bergerac!*

Plus que Reine du spirituel Bergerat succède à Cyrano, et Coquelin lisse la mèche césarienne de Napoléon Ier pendant un certain nombre de représentations.

Pendant que le bon Coquelin fait triompher Cyrano en France et à l'étranger, les directions se succèdent et tentent en vain de décrocher à nouveau le succès; et c'est sans effort, le sourire aux lèvres, que Lucien Guitry s'improvisant impresario triomphe de la mauvaise chance. Le 1er novembre 1900, il monte à la Porte-Saint-Martin, *l'Assommoir*, joué jadis à l'Ambigu, mais dont plusieurs centaines de représentations semblaient avoir épuisé la veine, et tout Paris se précipite boulevard Saint-Martin : La « préposée à la location », qui depuis Cyrano faisait d'interminables crochets dans son guichet déserté, ne sait plus où donner de la tête... Ce spirituel et paradoxal Guitry s'amusait à jouer Coupeau, et jamais plus parfaite silhouette d'ouvrier bon enfant, travailleur, sombrant peu à peu dans l'alcool et finissant, sinistre, par un effroyable accès de *delirium tremens*, ne fut présentée au public : le mot de Sarah Bernhardt était justifié : « C'est le premier artiste de la scène française. » Cela tient à ce qu'en dehors de ses rares dons naturels, Guitry est le plus sagace, le plus attentif, le plus déconcertant des observateurs et que jamais comédien n'eut mieux que lui le privilège merveilleux de se transformer; ce n'est pas seulement le vêtement qui se modifie, mais tout son être semble participer au complet avatar qu'exige le personnage à représenter ; le dos se voûte, l'œil s'éteint, la voix — si belle — se voile, se rogomise, si j'ose dire, la jambe traîne, les mains tremblent : c'est un autre homme et c'est cependant le même qui,

LUCIEN GUITRY, RÔLE DE COUPEAU DANS « L'ASSOMMOIR ».

dix minutes plus tard, fringant, superbe, impertinent et cambré, nous présentera, impeccable, la parfaite incarnation de nos plus élégants cercleux!

Puis ce sont encore et toujours des reprises : *le Bossu, la Tour de Nesle! le Courrier de Lyon, la Bouquetière des Innocents,* tous les vieux succès de jadis et enfin *Madame la Maréchale,* de l'excellent Louis Péricaud et A. Lemonnier; *Gil Blas* permet d'admirer la jolie Maud Amy, et *Cadet Roussel* de saluer en Jacques Richepin une des espérances de l'avenir du théâtre. Armand Bour, original Cadet Roussel, et Mlle Mitzy-Dalti, une Delvaporine adorablement jolie, s'y font très justement applaudir. Depuis, la Porte-Saint-Martin semble s'endormir sur ses anciens lauriers. Il suffit de relire son histoire pour ne pas douter qu'un jour prochain viendra où le phénix renaîtra de ses cendres!

(Eau-forte de Martial.)
LE THÉATRE DU GYMNASE.

THÉATRE DU GYMNASE

Le Théâtre de Madame. — Scribe et son théâtre. — Léontine Fay. — *Avant, Pendant et Après*. — 1830. — Bouffé. — Lacenaire homme de lettres. — Arnal et le théâtre de Duvert et Lauzanne. — *Le Demi-Monde* et le théâtre de Dumas fils. — La première des *Pattes de mouche*. — *Héloïse Paranquet* et les collaborations anonymes. — Mme Pasca. — *Frou-Frou* et Aimée Desclée. — Blanche Pierson et *la Princesse Georges*. — *Andréa* et les plagiaires. — *Monsieur Alphonse*. — M. Lucien Guitry. — *M. le Ministre*. — *Le Maître de forges* et Mme Jane Hading. — *L'Abbé Constantin*. — Michel Provins et Maurice Donnay.

En 1820, la Restauration, plus clémente pour les théâtres parisiens que ne le fut le régime impérial, concéda à M. de La Roserie la direction d'un théâtre qui devait s'élever sur l'emplacement d'un cimetière désaffecté, dépendant de l'église Bonne-Nouvelle. Les architectes Rougevin et Guerchy se mirent à l'ouvrage et construisirent le théâtre du *Gymnase-Dramatique*. Les « lettres patentes » qui lui furent octroyées en faisaient une sorte de succursale du Théâtre-Français et de l'Opéra-Comique. « Les élèves du Conservatoire devaient s'exercer sans prétention et sous les yeux d'un public indulgent avant de paraître dans un grand théâtre. » Le Gymnase-Dramatique pouvait jouer, en conséquence, « toutes les anciennes pièces du Théâtre-Français et du Théâtre Feydeau, *à la seule condition de les réduire en un acte* » ! Après une tentative avortée, cet essai fut écarté définitivement, et la nouvelle salle, pimpante, élégante, fut inaugurée le 23 octobre 1820, par *la Visite à la campagne* (opéra en deux actes de Boucher et Guénée), *la Maison en loterie* (comédie de Picard, musique de A. Piccini) (M. Perlet débutera par le rôle de *Rigaudin*) et *le Boulevard Bonne-Nouvelle* (prologue d'ouverture), de Mélesville et Scribe, ce Scribe, l'auteur à la mode, qui venait de s'interdire par traité la faculté de travailler pour tout autre théâtre que pour le Gymnase et qui devint pendant de longues années le fournisseur attitré de cette aimable scène. Il est de mode aujourd'hui de traiter Scribe par dessous la jambe. On le nie, on l'insulte, on le plaisante, on le dénigre, on lui refuse tout talent. « Ce fut la mort du théâtre! » et l'on voit certains auteurs dont le nom seul produit un effet pneumatique, qui n'arrivent que par l'intrigue et la protection à se faire jouer devant des banquettes, le juger sévèrement et déclarer gravement que Scribe est le dernier des malfaiteurs ! sans compter ceux qui lui volent ses pièces et les refont. Quelques écrivains de haut talent veulent bien avouer que ce fut un auteur de grande valeur, spirituel, sachant son métier comme pas un, ayant écrit deux cents pièces, qui toutes ou presque toutes contiennent des idées à foison, sont vivantes, gaies, mouvementées, rien n'y fait, et Scribe est de ces morts qu'il convient de tuer de temps en temps. Nos pères n'en jugeaient pas ainsi, et pendant de très longues années Scribe fut honoré, applaudi, encensé. Lui-même avait le culte de son talent. Un charmant artiste, M. Massel, professeur émérite et érudit, nous contait avoir vu, présentés par M. Scribe lui-même, une série de tableaux qui reproduisaient d'éloquente manière ses luttes et ses triomphes.

« C'était d'abord : « M. Scribe enfant chez son père le marchand de la rue Saint-Denis, à l'enseigne du *Chat Noir* » ; — puis, « M. Scribe entrant au collège Sainte-Barbe » ; — « M. Scribe entrant à l'École de Droit » ; — « M. Scribe entrant à l'Odéon, jeune, pâle et rêveur, avec un manuscrit sous le bras » ; — « M. Scribe entrant à l'Académie Française » : c'était la plus remarquable de ses nombreuses « entrées » ; — et, enfin, le tableau-apothéose : « M. Scribe accompagné de Mme Scribe, descendant le perron de *leur* hôtel, rue Pigalle, et s'apprêtant à monter dans *leur* calèche, dont *leur* valet déployait le marchepied. » — C'était le triomphe de M. Scribe arrivé à la fortune par son travail et son talent! »

En 1824, MM. de La Roserie et Poirson obtiennent de la bienveillance de S. A. R. la duchesse de Berry l'autorisation de placer leur théâtre sous sa protection, et le Gymnase-Dramatique échange son nom contre celui de *Théâtre de S. A. R. Mme la duchesse de Berry* ; un médaillon de la princesse incrusté dans la boiserie du foyer public attestait la reconnaissance du théâtre pour son auguste protectrice. La troupe accompagnait souvent l'Altesse Royale, à la grande jalousie des théâtres rivaux, dans ses déplacements. Elle se composait alors de MM. Bernard Léon, Perlet, Numa, Legrand, Allan, Potier, Ferville ; Mmes Esther, Duménil, Virginie Déjazet, Jenny Vertpré, Léontine Fay ; la petite Léontine Fay, âgée de onze ans, arrivait en France précédée d'une réputation colossale conquise en Allemagne. Elle débuta dans *La Petite-Sœur*, et pendant onze ans Paris lui fit fête. Sa renommée contrebalançait celle des Talma, des Perlet, des Potier ! *Le Mariage enfantin* fut un triomphe ; le Gymnase connut d'heureux jours et encaissa de formidables recettes.

C'était le théâtre attitré des mères de famille, des jeunes filles et des collégiens. Le spectacle était moral, honnête et d'un bon exemple, puisque l'on

BERNARD-LÉON et NUMA.
dans le Coiffeur et le Perruquier. (Gymnase).

POUDRET.
Ingrat, moi qui t'ai mis le démêloir à la main, moi le doyen de la houppe! moi le vétéran de la savonnette!!

ALCIBIADE.
Je suis votre élève, il est vrai, mais depuis longtemps j'ai surpassé mon maître, et vous, vous ne sortirez jamais de la graisse d'ours, de la peau d'Anguille et de la moelle de bœuf!!

y glorifiait ceux qui, suivant le joli mot de Sardou dans *la Famille Benoiton*, « donnaient l'exemple de la fortune ». La bourgeoisie parisienne était reconnaissante à Scribe et à ses collègues de leur offrir cet aimable miroir où seules leurs qualités se reflétaient de si jolie façon, et le théâtre de Madame fut plus que jamais à la mode.

Déjazet y joua les travestis pour la première fois ; on la destinait à épouser Léontine Fay dans *le Mariage enfantin*, et le directeur du théâtre de Madame l'avait fait revenir de Bordeaux, se souvenant des succès que la petite Virginie avait obtenus au Vaudeville dans *la Fée Nabote*.

Le public s'amusait de ces deux miniatures vivantes, et les auteurs travaillaient pour ce couple mignon, qui se fit applaudir dans *les Deux Collégiens*, *la Famille normande*, *le Plus Beau Jour de la vie*, etc.

Ce n'est que lorsque le Gymnase, modifiant son répertoire, abandonna le genre gai pour donner des pièces mélancoliques, que Déjazet le quitta.

Un tableau dressé en 1824, et qui nous présente un résumé de l'histoire théâtrale de l'année, nous apprend quelles pièces furent jouées sur la scène du Gymnase et quelle fut leur fortune ; nous citerons, avec les amusants commentaires qui les accompagnent, les titres suivants :

« 15 Janvier : *Pierre et Marie*, imitation de l'allemand, succès à la française ; *le Coiffeur et le Perruquier*, grand succès le second jour ; *le Oui des jeunes filles*, succès d'amis ; *Ourika*, petit drame bâtard, demi-chute ; 2 avril : *la Mansarde des artistes*, par MM. Scribe, Dupin et Werner, intrigue mesquine, déluge d'esprit, succès; 2 juillet : *le Dîner sur l'herbe* (par MM. Scribe et Mélesville), tableau usé, succès de juillet ; 16 septembre : *Coralie* (par MM. Scribe et Mélesville), beaucoup d'esprit, beaucoup d'amis, succès à la Scribe. »

Le 6 février 1827, la troupe du *théâtre de Madame* joue *le Mariage de raison*, au Palais-Royal, devant la famille royale, sur un théâtre monté dans la grande galerie par les soins des Menus-Plaisirs, nous apprend La Bédollière.

En 1827, E. Scribe et G. Delavigne donnent *le Diplomate*, comédie-vaudeville en deux actes, très gaie, très spirituelle, mais où se trouvent quelques couplets qui feraient sourire aujourd'hui, témoin ce *Chœur de chasseurs* :

> Nous avons avec gloire
> Réduit aux abois
> Le léger chamois.

> Pour chanter la victoire,
> Que le son du cor
> Retentisse encor.

Et ça se chantait sur un air de *Moïse!*

En 1828, un incident se produit, qui interrompt les excellentes relations des Tuileries et du théâtre de Madame : un vaudeville de Scribe et Rougemont, *Avant, Pendant et Après*, enthousiasma le public frondeur et libéral et, par contre, déplut fort à la Cour. C'était une peinture un peu narquoise de la société française sous l'ancien régime, sous la Terreur et sous la Restauration. Un couplet surtout parut absolument incorrect, le voici :

Un vieux gentilhomme apprenait qu'un simple soldat, aujourd'hui maréchal de France, épousait une très noble jeune fille. Il en témoignait une profonde surprise : c'est alors qu'on lui chantait :

> Mais ce Raymond dont votre esprit se raille
> Et qui partit son paquet sur le dos,
> Lui qui jadis, au quai de la Ferraille,
> Fut, grâce à vous, rangé sous nos drapeaux
> Et, malgré lui, forcé d'être un héros,
> Eut bientôt pris sa gloire en patience...
> Et de soldat, mon beau-frère Raymond
> S'est trouvé duc et maréchal de France.

LE VICOMTE

Et de quel droit ?

LE CHEVALIER

Par le droit du canon !

Ici l'enthousiasme devenait indescriptible : des manifestations se produisaient chaque soir : la noblesse était attaquée de front dans ce vaudeville subversif, représenté au théâtre de Madame ! Ce théâtre allait perdre à la fois et la bienveillance royale et jusqu'à son titre, dont il était question de le déposséder. Les infortunés directeurs luttaient de leur mieux, protestant de leurs sentiments inaltérables et respectueux; les journaux polémiquaient et le Pavillon de Marsan intriguait; les coups de canon de la Révolution de 1830 résolurent brutalement la question. La duchesse de Berry dut quitter la France, et le *théâtre de Madame* redevint le *théâtre du Gymnase* et conserva la faveur du public. Sa troupe comptait un grand nombre d'artistes de talent, et

BOUFFÉ.

aux noms déjà cités il convient d'ajouter celui de
Bouffé, ce remarquable comédien qui, mieux que
personne, possédait le don si précieux de se modifier, de se transformer : aujourd'hui Michel Perrin,

« LA FILLE DE L'AVARE ».   « PAUVRE JACQUES ».
BOUFFÉ (Collection H. Lecomte).

l'inconscient policier, l'ancien Oratorien, camarade
de Fouché; demain, le père Grandet de *la Fille de
l'Avare*, *Pauvre Jacques* faisant pleurer toute la
salle en chantant des couplets, dans le genre de
celui-ci (air de *Téniers*) :

> Depuis vingt ans que je vis d'espérances,
> J'ai vu venir en mon pauvre réduit

Chagrins, tourments, misères et souffrances,
Besoins affreux, et tout ce qui s'en suit.
Des maux humains j'ai vu toute l'escorte.
Aussi maintenant, sans frayeur,
Je vais ouvrir quand on frappe à ma porte...
Je n'attends plus que le bonheur !

Et enfin Joseph, du *Gamin de Paris*, ayant quinze ans et les paraissant ; cet étonnant acteur Protée se plaisait à représenter dans la même soirée un polisson jouant à la toupie et le vieil avare Grandet. Ce fut Bouffé qui eut l'honneur de conduire pour la première fois sans arrêts à la *centième* une pièce nouvelle, et cette pièce fut *le Gamin de Paris*. C'est à la suite de ce succès

(Collection H. Lecomte.)
BOUFFÉ DANS « MICHEL PERRIN »

et à titre de récompense nationale que le comique Odry permit à Bouffé de le *tutoyer !* Le charmant comédien Lafont tenait avec la plus parfaite élégance les emplois de « Jeune Premier ».

La direction passait pour économe : en 1835, voici ce qu'écrivait Alphonse Karr dans *le Monde drama-*

tique (t. II, p. 30), en rendant compte d'une pièce de Bayard :

Au Gymnase, voici ce qui se passe dans le salon nankin, à moins que ce ne soit dans le salon vert : ma mémoire me sert mal, mais on peut être tranquille, c'est dans l'un ou dans l'autre; tout le monde sait que ce sont les deux seuls décors que se permette le théâtre du Gymnase, bien éloigné de tomber comme plusieurs de ses confrères dans le charlatanisme des décors propres et convenables; jamais aucune poétique n'a prescrit aussi sévèrement l'unité de lieu que le Gymnase se l'impose à lui-même.

(Collect. H. Lecomte.)
BOUFFÉ DANS « L'ONCLE BAPTISTE ».

Une curieuse anecdote se rattache à cette période : Lacenaire, ce vulgaire assassin, avait, je ne sais pourquoi, piqué la curiosité de quelques contemporains; bref, ce scélérat, qui se targuait de littérature, était à la mode : dans ses *Mémoires*, il regrettait de n'avoir pas écrit pour le Vaudeville ou le Gymnase. « Combien peut rapporter une pièce à succès? interrogeait-il.

LAFONT DANS LE « DANDY ».

— A quel théâtre?

— Au Gymnase?

— Mille écus.

— Mille écus! on peut vivre tranquillement pendant un an avec une somme pareille. »

Puis, se reprenant et étouffant un soupir : « Non, non, il était trop tard : dès que j'ai été capable d'ébaucher une pièce, j'ai été capable de tuer... et j'ai choisi le plus facile. »

Lacenaire laissa un drame en trois actes, un drame sur « les Grecs »! Ce bandit avoua plus tard qu'il s'était un jour présenté à l'hôtel de Scribe, avec l'idée de le tuer, puis de le voler. Scribe connaissait vaguement le nom de Lacenaire, collaborateur intermittent de quelques revues théâtrales; il le reçut, et comme Lacenaire lui exposait sa misère : « Tenez, mon ami, lui dit Scribe, prenez toujours ces 20 francs; ils vous permettront d'attendre une meilleure chance... » Et Lacenaire rengaina son tire-point et empocha les 20 francs. Altaroche, d'ailleurs, lui reprocha amèrement cet acte de faiblesse : — « Lacenaire, assurait-il, a doublement mérité l'échafaud, non seulement pour avoir assassiné un innocent, mais encore pour avoir épargné M. Scribe! »

En mai 1840, une anecdote nous montre de quelle façon était réglée la mise en scène correcte du Gymnase : On répétait *Jarvis l'honnête homme*, et Bocage parlait *à l'anglaise*, c'est-à-dire en tournant le dos au spectateur, « ce plagiat, écrit Ch. Maurice, à qui nous empruntons ce document, dont *les Comédiens de l'Actualité* usent et abusent étrangement ». Delestre-Poirson engagea son pension-

MADEMOISELLE LÉONTINE FAY.

naire à jouer *à la française*, face au public. Et Bocage s'y refusa en ajoutant : « C'est mon système ! — Cela se peut, répliqua le directeur, mais j'ai engagé votre talent, et non pas votre système ! » Et l'on continua à se parler sans se regarder, face au public... à la française! N'est-ce pas vers cette époque qu'un soir Gérard de Nerval demanda à

Méry quel étrange prétexte pouvait bien le pousser à revoir une pièce qui avait fait un four noir. « Il y a dans cette œuvre, riposta Méry, un manque absolu d'intérêt, qui m'amuse et me préoccupe ! »

En 1842, des différends surgirent entre M. Poirson et la Société des Auteurs, qui mit en interdit le théâtre ; et M. Montigny prit, en 1844, la direction du Gymnase qu'il devait mener à de si hautes destinées. Montigny n'était connu jusqu'alors, dans le monde théâtral, que comme auteur malheureux ; il avait, vers 1836, donné à l'Ambigu un mélodrame déplorable sous ce titre : *Amazampo ou la Découverte du Quinquina*. M. Montigny engagea MM. Achard, Delafosse et le merveilleux comédien Geoffroy, un des plus grands artistes ayant honoré la scène française et qui, après avoir triomphé boulevard Bonne-Nouvelle, termina sa glorieuse carrière au théâtre du Palais-Royal.

Achard, comédien amusant, gai, bon enfant, chanteur exquis, obtient le plus grand succès dans *l'Aumônier du Régiment* de Saint-Georges et Leuven. Il y chantait ce couplet qui donne une idée plaisante de cette littérature facile :

L'AUMÔNIER

(Air de *la Sentinelle perdue*)

Honneur, honneur à l'Empereur,
Qui pourchasse
Les rois pour se mettre à leur place !
Honneur, honneur à l'Empereur !
Ce joli chasseur,

Ce charmant vainqueur,
Pour un empereur
N'est pas du tout flâneur.

Il sait jouer fort poliment
Aux jeux « ot' toi d'là que j'm'y mette » ;
Un' couronn' va-t-elle à sa tête,
Il sait s'en coiffer lestement ;
Il en possède un régiment,
Il en a cent pour fourniment.

Achard triompha dans *la Famille du fumiste* ; il semblait si heureux de vivre, il riait si bien et son rire était si communicatif, si bon enfant que l'on ne pouvait se défendre de l'imiter, gagné par la bonhomie de ce gros garçon qui paraissait tant s'amuser de ce qu'il contait gaiement au public ravi.

Une jolie et charmante femme lui donnait la réplique, Jenny Colon, et l'on cite d'elle une réponse amusante. Un jour elle avait amené son petit garçon dans les coulisses du Gymnase. Dupin caressait ce joli enfant : « Voilà, dit-il, un vaudevilliste en herbe. — Quelle horreur ! se récria Jenny Colon, jamais de la vie ! Je lui fais donner trop d'éducation pour cela !... Nous en ferons un notaire. » Et Dupin ne trouva pas la réplique !

La direction Montigny marque l'apogée de la fortune du Gymnase. Les meilleurs écrivains y apportent leurs œuvres, la troupe est excellente. Citons pour mémoire quelques-uns des succès de cette heureuse période :

En 1845 : *la Belle et la Bête*, jouée par Mme Rose

Chéri, qui devint plus tard Mme Montigny. — En dédiant au fils de Rose Chéri les Idées de Mme Aubray, A. Dumas fils écrivait : « Je veux, mon cher enfant, te dédier cette comédie. Mme Aubray, c'est la foi, le dévouement, le sacrifice ; c'est ce que fut ta mère. » Cette phrase résume la vie de cette grande artiste, qui sut être une femme admirable.

ACHARD
DANS LA « FAMILLE DU FUMISTE ».

En 1846, le Gymnase représente Geneviève ou la Jalousie Paternelle de Scribe, avec Mme Rose Chéri ; le 5 août, Clarisse Harlowe, avec le délicieux comédien Bressant, qui, jusqu'en 1870, au Gymnase comme à la Comédie-Française, devait, avec un talent, une élégance sans pareils, tenir les premiers rôles et laisser un ineffaçable souvenir ; en 1847, Une Femme qui se jette par la fenêtre, par Scribe et Lemoine

Le 15 janvier 1848, début d'Arnal dans Ce que

femme veut, comédie-vaudeville en deux actes de *Duvert* et *Lausanne*.

ARNAL,
lithographié d'après nature par A. Menut

Arnal y disait cet amusant couplet qui donne bien l'idée de cette littérature spirituelle et imprévue :

« ..... Un délai à moi... Je n'en veux pas, Madame... Après avoir été si indignement traité, accepter une grâce de vous, non... je m'en vais avec joie... j'abandonne le quartier de l'Estrapade... je vais dresser ma tente loin d'ici... aux Batignolles ! Je jette Paris entre nous... il y aura 900.000 âmes entre la vôtre et la mienne... Jamais je ne remettrai les pieds dans cet affreux quartier... je respire enfin ! »

(AIR : Au temps heureux de la Chevalerie.)

Vous avez vu parfois, j'aime à le croire,
Le hanneton, cet insecte naïf,
Bourdonner un chant de victoire,
S'il rompt le fil qui le tenait captif !
Heureux aussi d'un congé qui me flatte,
Du hanneton je comprends la fierté.....

(Avec enthousiasme, se posant sur une jambe en agitant l'autre.)

Je me dégage en secouant ma patte ; ⎫
Et je m'envole avec ma liberté !   ⎬ bis

19 avril 1849, début de l'excellent comédien Lafontaine dans *Être aimé ou mourir*, par Scribe et Dumanoir ; puis, vinrent *le Bourgeois de Paris*, *le Collier de perles*, *Manon Lescaut* avec Bressant, Geoffroy, Rose Chéri.

Le 14 mai 1851, une troupe espagnole se fait applaudir au Gymnase, et pendant plus d'un mois les recettes dépassent 4.000 francs !

Le 23 novembre, le grand Balzac donne *Mercadet le Faiseur*. Geoffroy y est admirable ; mais la pièce déconcerte un peu le public, habitué à de plus aimables ouvrages. Le côté violent, doulou-

H. DE BALZAC.

reux, féroce du caractère de Mercadet effraye les anciens habitués du *théâtre de Madame*; puis, dans le principe, il faut l'avouer, l'œuvre était trop touffue : l'action disparaissait sous un amas de détails, des scènes faisaient longueur; bref, cet ouvrage qui, émondé, resserré par d'Ennery, devait plus tard et si justement triompher, n'eut pas le succès espéré, et cependant la première représentation avait été splendide, et c'est les larmes aux yeux que Geoffroy avait jeté au public le nom de Balzac!

GEOFFROY

Le 26 novembre, George Sand fait représenter *le Mariage de Victorine*, comédie en trois actes délicieusement jouée par Geoffroy, Bressant, Lafontaine, Dupuis, M⁽ᵐᵉ⁾ Rose Chéri et Figeac.

Le 25 novembre 1852, *Un Fils de famille*, de Bayard et Biéville, obtient le plus vif et le plus mérité succès. C'était gai, spirituel, intéressant et interprété de la plus délicieuse façon par MM. Bressant, Lafontaine, l'excellent Lesueur qui devait tenir une si belle place parmi les acteurs français, Priston, Mme Rose Chéri et Mélanie. Et pendant plus de cent représentations on vient applaudir cette jolie pièce sur laquelle la Direction comptait si peu qu'elle s'était contentée d'acheter aux revendeurs du Temple les costumes de lanciers que devaient porter les artistes chargés d'interpréter cette œuvre charmante.

Le 19 mars 1853, Émile Augier donne *Philiberte ou la Laide*.

Le 13 septembre, George Sand se fait applaudir dans *le Pressoir*.

Le 14 novembre, Paris acclame *Diane de Lys* d'Alexandre Dumas fils et, le 8 avril 1854, Émile Augier et Jules Sandeau triomphent avec *le Gendre de M. Poirier*, ce chef-d'œuvre, joué par MM. Lesueur, Berton, Dupuis et Mme Rose Chéri; puis, vinrent : *les Cœurs d'or* et *le Chapeau d'un horloger* de Mme de Girardin, où Lesueur était si irrésistiblement comique.

Le 20 mars 1855, *le Demi-Monde* d'A. Dumas fils, d'une originalité, d'une audace si nouvelles, étonne, irrite, mais passionne. Rose Chéri, Figeac, MM. Berton et Dupuis y sont admirables et, après une lutte un peu dure, *le Demi-Monde* réussit définitivement; et cette remarquable comédie, qui nous éloigne tant du vertueux répertoire de jadis, amène la fortune au Gymnase. Citons ensuite : *Je dine chez ma mère*, l'œuvre charmante de Decourcelle et Lambert Thiboust; les *Toilettes tapageuses* de Th. Barrière et Dumanoir; et enfin la *Question d'argent* (31 janvier 1857) de Dumas fils. Ce n'est qu'un demi-succès : la pièce, fort originale, ne peut conquérir le public réfractaire ; une polémique s'engage entre le banquier Mirès, qui se sentait touché, et Dumas. Mirès encombre les journaux de longues diatribes, et Dumas lui décoche cette simple riposte :

Mon cher Mirès,

Je viens de lire votre article sur *la Question d'argent*. Voilà qui est convenu : quand je ferai une pièce vertueuse, j'irai vous demander des conseils, et, quand vous ferez une opération honnête, j'irai vous demander des actions.

Alexandre Dumas fils.

Émile Augier qui, lui aussi, avait été pris à partie par le turbulent banquier, écrit à son tour à Dumas :

Mon cher ami,

Votre lettre à Mirès est un chef-d'œuvre. Étant moins formellement accusé que vous par cet échappé de justice, j'hésitais à lui répondre, un peu par dédain, beaucoup par paresse.

S'il faut tout dire, je comptais bien aussi que la moutarde vous monterait au nez et que vous éternueriez pour vous et moi. Vous l'avez fait mieux que je ne l'aurais pu faire. A vos souhaits.

Émile Augier.

LAFONT.

Dumas prend, le 18 janvier 1858, sa revanche avec *le Fils naturel*, une œuvre admirable et forte, une des plus émues et des plus émouvantes de ce maître écrivain. N'était-ce pas un peu sa propre cause qu'il évoquait, et Clara Vignot ne l'avait-il pas beaucoup connue? *Le Fils naturel* est applaudi malgré son titre un peu révolutionnaire, et l'admirable Rose Chéri, l'excellent Geoffroy, Derval et Dieudonné obtiennent le plus justifié succès.

Puis viennent : *l'Invitation à la valse*, de Dumas père; *l'Héritage de M. Plumet*, de Barrière et Capendu; *l'Autographe*, de Henri Meilhac; *Cendrillon*, de Th. Barrière; *un Beau Mariage* (5 mars 1859), par Émile Augier et Foussier; *Risette*, par Edmond About; *Un Père Prodigue* (3 novembre 1859), par Dumas fils, admirablement joué par Lafont, Dupuis, Lesueur, Mmes Rose Chéri et Delaporte.

Lafont était un comédien délicieux. Dans la préface charmante qu'il écrivit pour *le Père prodigue*, Dumas nous le décrit ainsi : « De tournure élégante et de mise irréprochable, sentant d'une lieue son gentilhomme des champs de bataille et des petits levers, saluant comme ceux de Fontenoy, grasseyant comme ceux de Coblentz, l'œil brillant, le nez droit, les narines ouvertes, la bouche en cœur, passant de temps en temps sa main nerveuse et fine sur son visage bien rasé afin de s'assurer que pas un poil blanc ne venait le trahir, n'ayant ses soixante ans que la nuit ou le matin. » Quant au directeur Montigny, il ne pouvait se résoudre à

VICTORIEN SARDOU.

voir sa femme, Rose Chéri, triompher dans ce qu'il appelait les « drôlesses de Dumas ».

En 1860, le Gymnase remporte un triomphe : *les*

Pattes de Mouche de V. Sardou amusent tout Paris, c'est le premier véritable succès de cet admirable auteur qui en compte tant et de si grands. La pièce n'avait pas été reçue au Vaudeville ; il est vrai d'ajouter que le manuscrit n'en avait pas été lu. Montigny, plus habile, avait accepté d'enthousiasme l'œuvre nouvelle du débutant, dont Scribe consulté avait retourné au Gymnase un premier ouvrage, *Paris à l'envers*, qui devait en grande partie devenir *Nos Intimes*, avec ce simple mot sur la couverture : « Quel théâtre ! Où allons-nous ? »

En sortant de la première représentation, Scribe, qui dans le vestibule mettait son paletot, fut abordé par Lemoine, le frère de Montigny. « Eh bien, maître, votre avis ?

— Jolie pièce, c'est charmant ! De qui est-elle ?...

— De ce jeune homme dont on vous a donné à lire un manuscrit, *Paris à l'envers;* vous lui avez conseillé de renoncer au théâtre.

— Alors, mon cher Lemoine, je me suis, ce jour-là, joliment trompé : c'est d'un maître, répondit simplement Scribe. »

Pendant cette soirée où se jouait son avenir, Sardou, nerveux, inquiet, la tête pleine encore des sifflets de *la Taverne*, n'avait pu rester en place ; fiévreusement il arpentait les boulevards avoisinant le Gymnase. C'était le moment où se jouait le dernier acte... et Sardou trouvait le temps long... « Je le pensais bien, se disait-il, l'acte n'en finit pas, je me suis trompé... Il est interminable, cet acte mau-

ALEXANDRE DUMAS FILS.

dit ! » Enfin un spectateur descend les marches du théâtre... « Il s'enfuit avant la fin, il s'ennuie probablement ; en tout cas, c'est le commencement de la sortie. » Sardou se rapproche et se rencontre avec cet inconnu qui lui jette en le croisant : « Bravo, monsieur Sardou, quel triomphe ! » C'était l'acteur Berton, le père de Pierre Berton qui devait créer nos *Bons Villageois;* et c'est ainsi que Sardou apprit le succès des *Pattes de Mouche.*

La série heureuse continue. Après *les Pattes de Mouche,* Sardou est de nouveau acclamé avec *les Ganaches.*

En 1863, autre succès. *Montjoye,* d'Oct. Feuillet, où Lafont est admirable.

En 1864, Dumas fils donne *l'Ami des Femmes.* Ce quasi-insuccès, Dumas l'expose et le commente dans la préface de son œuvre : « Cette comédie n'a pas eu de succès à la première représentation. Elle s'est débattue ensuite pendant une quarantaine de jours contre l'étonnement, le silence, l'embarras et quelquefois les protestations du public. Un soir même, un spectateur de l'orchestre, plus sanguin ou plus bilieux que les autres, plus choqué en tout cas, s'est levé après le récit de Jane, au quatrième acte, et s'est écrié : « C'est dégoûtant ! » Jugement vif ! Ce spectateur était-il sincère ? Oui. Il faisait partie de ce public que le théâtre passionne et qui applaudit ou siffle sans raisonner, suivant l'impression qu'il reçoit. » Et il conclut, spirituellement comme toujours, en déclarant qu'il faut savoir la vérité : « qu'il n'y a pas de fin du monde, qu'il n'y a que des fins de monde, que les temps prédits sont proches, que Dieu a de nouveau prévenu Noé et qu'il va falloir être avec les hommes dans le déluge ou avec l'homme dans l'Arche ! »

Cette même année, le 24 avril, le nom de Sarah Bernhardt étonnait Paris pour la première fois, et ce n'était pas à cause de son grand talent, encore ignoré, c'était simplement à la suite d'une fugue.

Sarah brusquement, sans motif, quittait le Gymnase, au lendemain même de la première représentation d'*Un mari qui lance sa femme*, de Labiche, en laissant ce petit mot à Montigny stupéfié :

MADAME CÉLINE MONTALAND, DANS « DON QUICHOTTE ».

Ne comptez plus sur moi. — A l'heure où vous recevrez cette lettre, j'aurai quitté Paris.

Pardonnez à la pauvre toquée.

SARAH.

Montigny ayant demandé à Sardou une pièce pour l'été, le 25 juillet 1864 (on ne connaissait pas alors les relâches annuels) fut joué *Don Quichotte*, dans lequel Lesueur (Don Quichotte), Pradeau (Sancho Pança) formaient un duo d'une étonnante drôlerie, entouré de Mmes Pierson, Chaumont et de la si jolie Céline Montaland qui, chose inouïe! frisait au petit fer ses longs cils noirs!

« DON QUICHOTTE » (THÉATRE DU GYMNASE).

Le 21 janvier 1865, *les Vieux Garçons* de V. Sardou, admirablement joués par Mmes Delaporte, Pierson, Montaland et Chaumont, et MM. Lafont, Berton fils, Lesueur, Francès et Landrol, obtiennent un énorme succès, et Sardou, réclamé par le public enthousiasmé, est traîné de force sur la scène par Lafont et Landrol.

MADEMOISELLE SARAH BERNHARDT.

Le 20 janvier 1866, *Héloïse Paranquet* réussit d'autant plus qu'une sorte de mystère planait sur la pièce. L'œuvre avait été anonymement apportée au théâtre ; aucun auteur n'avait dirigé les répétitions ni réglé la mise en scène. — Enfin, le soir même de la première représentation, l'acteur Arna

« LES VIEUX GARÇONS ».
LESUEUR.   LAFONT.   LANDROL.
V. SARDOU

n'avait pu répondre aux acclamations interrogatives du public. Et les imaginations de s'exercer. Ce n'est qu'au bout d'un mois que l'on eut la solution de l'énigme... et encore cette solution était inexacte. Un homme de lettres, inconnu ou à peu près, M. Armand Durantin, la donnait dans la brochure de la pièce publiée sous son nom.

Photog. de Braun.
MADAME PASCA, D'APRÈS LE TABLEAU DE L. BONNAT.

On s'est demandé, disait M. Durantin dans sa préface, pourquoi j'avais mis un masque sur mon nom. Pourquoi ? C'est qu'en donnant ma comédie au public j'ai voulu que le public me donnât la sienne... Je l'ai entendu attribuer ce succès aux plus grands noms, aux plus vaillantes plumes; merci !

O public! cher public! Enfant capricieux et gâté ! Pendant vingt-cinq ans je l'ai crié mon nom avec mes drames et mes comédies, avec mes feuilletons et mes romans, et tu t'es bouché les oreilles de peur de m'entendre, tu t'es fermé les yeux pour ne pas me voir.

Aujourd'hui, ce nom, dont tu te souviens si peu, je te le cache un mois et voilà que tu le veux, voilà que tu l'acclames : de l'ombre tu le jettes en pleine lumière.

ARMAND DURANTIN.

Cette préface était un peu prétentieuse et hasardée, car M. Durantin n'y oubliait qu'une chose ; signaler l'anonyme et génial collaborateur qui, avec sa maîtrise habituelle, avait récrit complètement une pièce incohérente, avait profondément modifié et remanié un manuscrit boiteux, et de *Mademoiselle de Breuil* fait *Héloïse Paranquet*.

Ce collaborateur n'était autre qu'Alexandre Dumas fils, et ceux qui seraient tentés d'examiner quelle part fut la sienne n'auraient qu'à ouvrir le premier volume du *Théâtre des Autres*; tout s'y trouve : les deux manuscrits et la légende de la pièce. *Héloïse Paranquet*, remarquablement interprétée par Mme Pasca, Arnal et Pierre Berton, fut fort applaudie ; Mme Pasca y était admirable ; elle commençait par ce redoutable rôle la série de ces grands succès, qui, pendant si longtemps, devaient la classer au premier rang des plus admirables artistes de Paris.

LECUEUR

Le 3 octobre 1866, le Gymnase représenta *les Bons Villageois* de Sardou, et ce fut du délire : c'était si drôle, si amusant, si juste! Ces vilains bonshommes cauteleux, rapaces, personnifiés par Grinchu, Tétillard, Floupin et consorts étaient criants de vérité ! Arnal, Lesueur, Blaisot, Pradeau, Pierre Berton et Lafont, Mmes Blanche Pierson, Céline Chaumont, Delaporte avaient su réaliser, avec tant de charme ou de pittoresque, les personnages si bien campés par le spirituel Sardou, que tout Paris battit des mains aux *Bons Villageois*, qui furent un des gros succès du théâtre.

A cette pièce de gaité succéda une œuvre de philosophie et de morale : *les Idées de Mme Aubray* : une des thèses les plus audacieuses de Dumas.

Jouée le 16 mars 1867, l'œuvre nouvelle fut discutée avec passion : la tâche était vraiment ardue; que devait-on penser de cette Mme Aubray mariant, au nom de la morale et de la foi, son fils unique et adoré avec une fille, mère d'un enfant sans père et sans nom. La polémique fut âpre et violente, mais la pièce eut un vrai succès; elle était d'ailleurs défendue par de merveilleux interprètes : Pierre Berton y représentait la jeunesse, l'amour, l'enthousiasme; sa bonne grâce, sa distinction naturelle l'aidaient à réaliser ce type de parfait galant homme rêvé par Dumas. La jeune fille séduite et honnête malgré tout, c'était Mlle Delaporte, si réservée, si candide ; le bon raisonneur, celui qui, à l'exemple du chœur antique, commentait — avec quel esprit ! — l'état d'âme du public, c'était l'excellent Arnal, l'inoubliable interprète des Duvert et des Lausanne, des Labiche et des Bayard qui, vers la fin de sa vie, avait assagi, modifié, transformé son merveilleux talent et qui fut un « Barantin » incomparable de bonhomie, de douce raillerie, de sensibilité et de philosophie souriante. Le rôle charmant de Valmoreau, le désœuvré spirituel, enthousiaste, gai, bon enfant, et qui, si aimablement et de si galante façon, se transforme, beaucoup par admiration pour Mme Aubray et un peu par amour pour les beaux yeux de Jeannine, était tenu par Porel, le bon et brave Porel, qui, après avoir été un artiste de premier ordre, après s'être vaillamment battu en 1870 et avoir été blessé d'un éclat d'obus, a dirigé avec

MADAME PASCA.

la plus incontestable maîtrise le théâtre de l'Odéon dont il écrivit l'histoire dans une langue nette et colorée, avec autant de science que d'esprit et de goût. Nous retrouverons d'ailleurs, au théâtre du Vaudeville, qu'il dirige aujourd'hui, ce spirituel artiste.

Mme Aubray, c'était Mme Pasca, et jamais grande artiste n'interpréta de plus haute manière le rôle difficile, écrasant, qui lui avait été confié. Il faut lire le portrait que donne Dumas de cette admirable comédienne : « ... une des plus séduisantes personnes que l'on puisse imaginer ; des cheveux noirs comme de l'ébène, un teint mat et ambré, des yeux noirs brûlants et tendres, tragiques et caressants, couronnés de grands sourcils noirs tout prêts de se rejoindre à la base d'un nez fin aux narines légèrement soulevées... C'est grâce à elle que Mme Aubray a eu la noblesse, l'éloquence, la persuasion que l'auteur avait voulu donner à cette figure singulière toute de tendresse, de dévouement, de foi, d'idéal, et dont le nom, dans le souvenir de ceux qui ont vu la pièce, est resté inséparable de celui de sa fière interprète. »

Le triomphe de Mme Pasca fut complet, et autour d'elle chacun eut sa part de lauriers. Arnal, retrouvant les échos des bravos de jadis, avait doublement contribué au succès, car ce fut lui, nous apprend Mme Pasca, qui découvrit le mot de la fin.

Après que Mme Aubray a uni son fils et cette fille séduite, avant le baisser du rideau, on cherchait le mot sauveur, le mot explicatif, le mot tampon, si j'ose dire ; c'est Arnal qui tout naturellement le rencontra : dans un silence, à l'une des dernières répétitions, se tournant vers Mme Pasca : « C'est égal... c'est raide ! » lui avait-il glissé dans l'oreille.

Dumas avait entendu... Mais le voilà, le mot cherché ! s'écria-t-il. Merci, mon cher Arnal, mon très précieux collaborateur... A l'exclamation de Valmoreau : « Ce que vient de faire Mme Aubray

AIMÉE DESCLÉE.

est admirable », vous riposterez par votre phrase si juste :

— C'est égal, c'est raide! »

C'est ce même Arnal qui disait encore à Mᵐᵉ Pasca :... « Plus vous aurez mérité le succès au théâtre et plus vous aurez peur ! » Dumas avait synthétisé d'un mot la silhouette de Mᵐᵉ Aubray : « Une illuminée, avec, pour mot d'ordre, le vers de Polyeucte :

Je vois, je crois, je sens, je suis désabusée. »

En 1868, le Gymnase donne *Fanny Lear* de Meilhac et Halévy, *le Monde où l'on s'amuse* de Pailleron, et enfin *Séraphine* de Sardou. Ce fut un grand succès, mais il n'alla pas sans bien des difficultés : — Le premier titre de la pièce était : *la Dévote*, et la censure en exigea le changement sous prétexte que c'était une attaque directe contre l'Impératrice ! — puis on dénonça l'orthographe espagnole de « Serafina ». Enfin, après mille difficultés, la pièce triompha le 29 décembre. Mᵐᵉ Pasca jouait Séraphine avec sa maîtrise habituelle ; Mᵐᵉˢ Antonine, Magnier et Angelo, MM. Pujol, Pradeau, Landrol et P. Berton complétaient un ensemble remarquable.

1869 est l'année de *Froufrou* et le triomphe de cette autre admirable comédienne, Aimée Desclée. Ludovic Halévy qui, dernièrement encore, nous en parlait avec toute sa verve et toute son admiration, la définissait d'un mot : « Desclée, ce fut tout le théâtre moderne. » Dumas, en 1867, l'avait découverte au théâtre du Parc, à Bruxelles, où elle jouait *Diane de Lys*, et il dut forcer la main à Montigny pour lui obtenir au Gymnase un engagement dérisoire ; sans grande confiance on lui donna un rôle. Elle obtint un triomphe, et voici la jolie lettre qu'elle envoyait au sortir de scène à Dumas, qui n'avait pu assister à ce début : « C'est

MADEMOISELLE MASSIN.

fini. Ouf! J'avais de belles robes de toutes les couleurs, une aigrette dans les cheveux qui me faisait ressembler à un petit chien savant... La salle archipleine... On m'a sifflée au premier acte, et on m'a fait une ovation au cinquième... » Et ses succès ne se comptent plus.

A *Froufrou* succède *Fernande*, représentée le 8 mars 1870. Cette remarquable pièce, une des plus complètes de Sardou, était interprétée par Mmes Pasca, Antonine et Massin, MM. Pujol et Landrol ; son succès fut interrompu par la guerre, mais pendant la Commune Raoul Rigault en demanda la reprise au régisseur, le brave Derval : « C'est une jolie pièce, disait-il, il y a dedans une fille perdue. »

La Visite de Noces se joue le 10 octobre 1871, et cette pièce dure, violente, mais remarquable, soulève des polémiques sans nombre que Sarcey résume ainsi dans sa chronique du *Temps* : « Je ne veux pas qu'on m'agace, est-ce entendu ? Dumas me fait de la morale tout le temps, je la trouve juste et m'en vais moins bon que je ne suis entré. » Quant à Desclée, elle est acclamée dans le rôle de Mme de Morancé, où elle semblait jeter dans le « Pouah ! » final toute l'amertume qu'elle avait dans le cœur et dont débordent ses admirables lettres. Car c'était bien son passé, son âme, ses déboires et ses hontes qu'elle livrait au public dans cette soirée ; de là ce regard indéfinissable qui interpellait chaque spectateur en se fixant sur tous, « comme pour faire tous ceux qui se trouvaient là responsables des fautes commises. »

A *la Princesse Georges*, applaudissements, sifflets, protestations, scandale ; cette pièce, écrite en trois semaines au plus, fut très discutée et très défendue. Elle était servie par une rare interprétation, une unique collection de jolies femmes : Mmes Desclée, Pierson, Massin, Fromentin et

Bedard; MM. Pujol, Landrol et l'excellent Francès complétaient ce remarquable ensemble. Dumas trace de M·· Blanche Pierson, représentant la jolie comtesse de Terremonde, cet exquis portrait : « Ceux qui l'ont vue n'oublieront jamais l'entrée de M·· Pierson, cette opulente chevelure qui semblait faite de rayons de soleil enchevêtrés et nattés les uns dans les autres, ces yeux bleus, bleus de Chine, à reflets métalliques, brillants

MADEMOISELLE BL. PIERSON.

sous l'arcade sourcilière, des sourcils comme des éclairs sur un étang glacé, ce nez droit et fin comme celui des figurines de Tanagra... ces lèvres humides et rouges comme le piment, dont le sourire, légèrement relevé à gauche, découvrait des dents dont la blancheur et la régularité semblaient moins faites pour le baiser que pour la morsure. »

A *la Princesse Georges* succède, le 16 janvier 1873, *la Femme de Claude*, qui n'obtient pas le succès attendu. La pièce, admirablement jouée par Desclée, paraît trop sérieuse, trop noire ; et puis il flottait sur ces trois actes comme une vague odeur d'espionnage et de trahison. L'âme française, encore toute blessée des horreurs de la guerre, entendait avec peine parler de secrets armements, d'explosifs inconnus, de poudres de guerre...

C'était une sorte de prêche, plutôt qu'une œuvre dramatique.

Le 17 mars 1873, Sardou donne *Andréa*, et là se place un des mille petits ennuis dont souffre tout auteur renommé : un M. Cournier proteste : « C'est ma pièce, démarquée par Sardou ! »

« Ici, écrit Sardou dans sa brochure si spirituelle et si amusante, *Mes Plagiats*, je n'étais pas seul, j'avais un complice, Montigny.

« Cournier disait : « J'ai remis à M. Montigny un « manuscrit, *le Médecin de son honneur*. Montigny « l'a communiqué à Sardou, qui a fait *Andréa* avec « ma pièce. Après quoi Montigny m'a rendu mon « manuscrit *refusé !* » — Cournier ne se bornait pas à déblatérer contre nous sur la voie publique et à nous cribler de petites notes injurieuses dans les journaux. Il avait publié un fort mémoire. Il nous assigne, Montigny et moi, par devant le tribunal de commerce... J'arrive avec mon manuscrit, Montigny m'accompagnait. Cournier a la parole. Il formule son accusation ; puis le juge, M. Mercier, se tourne vers moi :

« — Que répondez-vous à cela ?

« — Un seul mot: je prie M. Cournier de vouloir
« bien nous dire à quelle date précise le manus-
« crit de sa pièce a été déposé au Gymnase ?

« — Oh ! dit Cournier, là-dessus il n'y a pas le
« moindre doute, voici le reçu ! C'est le 16 dé-
« cembre 1872.

« — Eh bien, dis-je, voici des affiches, des pro-
« grammes et des comptes rendus américains éta-
« blissant que ma pièce, destinée d'abord à
« l'Amérique, a été jouée à New-York le 17 sep-
« tembre 1872, c'est-à-dire *trois mois* avant que
« M. Cournier eût déposé la sienne au Gymnase.
« Donc, s'il y a un plagiaire... *c'est lui !* »

L'affaire se termina par cette déclaration :

Je reconnais que *toutes* les situations et *tous* les détails que j'ai cru avoir été empruntés par M. Sardou à ma pièce le *Médecin de son honneur*, et introduits par lui dans *Andréa* se trouvent dans cette pièce jouée en Amérique, trois mois avant la remise de mon manuscrit à M. Montigny.

M. Cournier.

Six mois plus tard, M. Cournier écrivait à Sardou pour lui proposer sa collaboration !

Cette même année, le 26 novembre 1873, Alexandre Dumas donne *Monsieur Alphonse* : c'est un très grand et très justifié succès. Il n'y eut qu'un inconvénient, et Dumas l'avoue gaiement dans sa préface : « J'étais bien sûr, quand j'ai eu l'idée de cette pièce, que j'allais, si elle réussissait, déshonorer un nom de baptême », et il le déshonora, sans que, toutefois, MM. de Rothschild, de Neuville, Daudet, Duvernoy, etc..., se sentissent atteints, ni que tressaillît l'ombre de Lamartine.

Monsieur Alphonse eut un grand et mérité succès. Frédéric Achard, le fils de l'excellent artiste si aimé autrefois à Paris, le frère de Léon Achard qui faisait les beaux soirs de l'Opéra-Comique, y fut parfait, et aussi Alphonsine, qui, après avoir joué si longtemps les rôles de princesses de féerie, réalisa à merveille le type de Mme Guichard, grosse femme sensible, commune, excellente et émue. « Elle traverse la pièce, dit Dumas, comme un grand rayon de soleil. » Blanche Pierson et Pujol complétaient un ensemble remarquable.

Le 17 novembre 1875, Sardou donne *Féréol*, une comédie poignante, où triomphe l'excellent Worms, qui reprend ainsi possession de Paris après avoir passé de longues années en Russie ; Lesueur, en juré récalcitrant, y est d'un comique admirable, et Francès y crée de magistrale façon le rôle d'un garde-chasse jaloux et assassin.

A cette date, Frédéric Achard reprend dans *l'Aumônier du Régiment* un rôle créé jadis par son père ; en même temps, Bouffé reparaît sur la scène qu'il a tant honorée jadis et redonne quelques représentations de ses grands succès d'antan.

Louis Leroy, l'écrivain charmant, qui dépensait tant d'esprit dans les chroniques du *Charivari*, fait représenter *le Charmeur* ; à son habitude, Worms y est excellent ; la pièce n'a qu'un demi-succès, mais l'*Hôtel Godelot* réussit pleinement. Quoique signée du seul nom de Crisafulli, l'*Hôtel Godelot* avait un illustre parrain, V. Sardou, qui avait mis au point, avec son habituel talent, cette pièce légère et charmante imitée de Goldsmith, *The stoops to conquer*, qu'Edwin Abbey a si merveilleusement illustrée. Achard, Saint-Germain, Francès, Mmes Legault, jeune, jolie, charmante ; Lebon,

MADEMOISELLE BLANCHE PIERSON
DANS « ANDRÉA ».

spirituelle, amusante ; Prioleau, etc., jouaient gaiement cette plaisante comédie.

Le 16 novembre, première représentation de *la Comtesse Romani* : la pièce était signée Gustave de Jalin, pseudonyme transparent désignant Gustave Fould et Alexandre Dumas, qui avait emprunté le nom de son héros du *Demi-Monde*. C'est un drame dur, violent, avec des côtés de tendresse et de comique ; des comédiens y mêlent leurs amusantes rivalités, leur pittoresque cabotinage, à des élans de passion et de jalousie. La pièce, admirablement jouée par M*mes* Pasca, Worms, Dinelli, Helmont, Bade et Lebon, MM. Saint-Germain, Landrol et Pujol, fut fort applaudie.

En 1877, *Bébé* obtient un éclatant succès. Saint-Germain y était vraiment impayable dans le type si spirituellement amusant de Pétillon, ce vieux pion râpé, sournois, malin et ahuri, s'efforçant de faire passer leur bachot à des fils de famille aussi paresseux qu'ignorants. Francès, avec sa fine bonhomie, crée une excellente caricature du brave monsieur absorbé par la lecture incessante des journaux quotidiens. M*mes* Dinelli, Lebon, Delia sont les charmantes auxiliaires de ces deux parfaits comédiens. Puis vient *l'Age ingrat* de Pailleron, où Tessandier illumine de ses deux grands yeux noirs la scène du Gymnase.

En 1878 une reprise de *la Dame aux Camélias* sert de début à Lucien Guitry, et du premier coup ce très excellent artiste réalise les magnifiques espérances que permettait de concevoir le concours du Conservatoire où le Jury ne lui avait cependant attribué qu'un second prix : L. Guitry se rappelle encore avec une joyeuse émotion l'inénarrable leçon que lui firent sur *la Dame aux Camélias* Dumas fils, déjà mûr, fatigué, un peu alourdi mais toujours spirituel et charmeur, et l'excellent Montigny solennel et moustachu : tous deux, affalés, enfouis dans de profonds fauteuils de moleskine, voulurent

Théâtre du Gymnase. — Bébé. Comédie en trois actes de MM. de Najac et Hennequin.

lui indiquer de quelle façon il convenait de jouer la « scène d'amour ». — Montigny, les mains croisées sur sa canne, ventripotent et asthmatique, incarnait « Marguerite Gauthier ». Dumas lançait de sa voix molle les répliques d'Armand Duval, tout en mordillant son lorgon... et le débutant ahuri les contemplait : « Voilà comme il faudra jouer, mon petit, conclut Dumas, mais... vous remuerez un peu plus que nous ! » Telle fut la première « répétition » de Guitry qui triomphe ensuite dans *le Fils de Coralie*, où Mme Tessandier lui donnait merveilleusement la réplique. Ce devait être le dernier succès de ce parfait directeur, grand honnête homme et habile metteur en scène qu'avait été Montigny. Dumas prononça sur la tombe de celui qui fut son protecteur et son ami un admirable adieu ; puis V. Koning prit la direction du Gymnase.

D'aucune façon, Koning ne sut remplacer Montigny : le vieux Gymnase était mort avec son ancien directeur. Koning, toutefois, était actif et intelligent. Une bonne reprise de *la Papil'onne* permit à Paris d'applaudir cette œuvre spirituelle et charmante qui, mal à sa place au Théâtre-Français, n'y avait pu obtenir le succès qu'elle méritait. Partout, en province, à l'étranger, *la Papillonne* triomphait ; il fallut la représentation du 3 octobre pour l'introniser à Paris. Jacques Normand se fait très chaleureusement applaudir avec *l'Amiral*, trois actes en vers, interprétés avec infiniment de talent par Saint-Germain, Francès et Leloir, ce Leloir que Paris devait fêter à la Comédie-Française, où il tint d'ailleurs à faire

LES THÉATRES DES BOULEVARDS

THÉATRE ILLUSTRÉ. — LE FILS DE CORALIE, comédie en quatre actes, de M. Albert Delpit, représentée au Gymnase
3e acte Coralie Mme Tessandier, et Daniel M. Guitry. — (Dessin de M. Alfred Marie.)

reprendre l'œuvre spirituelle de J. Normand ; Mmes Dinelli, Prioleau et Jane May étaient délicieuses, et Detaille — c'est tout dire — avait dessiné avec son habituelle maîtrise des uniformes de cavaliers français datant de la glorieuse époque où les hussards de la République prenaient au galop les flottes hollandaises emprisonnées par les glaces à l'embouchure du Texel. Ce fut une charmante soirée.

L'année finit sur la chute des *Braves Gens*, quatre actes malheureux de Gondinet, et une bonne reprise du *Mariage d'Olympe*, d'E. Augier, où Mme Pasca et Saint-Germain furent acclamés.

Puis ce sont encore des reprises : Jeanne Granier succède à Déjazet et porte gaillardement l'élégante épée de cour du duc de Richelieu :

> On m'a prédit que je vivrai cent ans,
> J'y parviendrai, pourvu que je grandisse...

Et nos pères sont tout émus de retrouver dans cette spirituelle jeune femme le charme de la délicieuse Déjazet, qu'ils regrettent encore.

Enfin Georges Ohnet donne *Serge Panine*, où Mme Pasca crée d'inoubliable façon le rôle de Mme Desvarennes, cette femme du peuple enrichie par son travail et son intelligence et qui n'hésite pas à brûler la cervelle du gredin titré qu'elle a eu la faiblesse d'accepter pour gendre. Serge Panine, c'était Marais, qui y fut très remar-

(Aquarelle par E. Detaille.)
PROJET DE COSTUME POUR « L'AMIRAL. »

quable. Puis Octave Feuillet fait représenter *un Roman Parisien*. Mme Pasca, Marais, Saint-Germain et la si jolie Mlle Volsy y obtiennent le plus mérité succès ; malgré tout, ce n'est pas la réussite espérée, et l'an 1883 sera plus heureux pour le théâtre du Gymnase, qui triomphera doublement, le 2 février, avec *Monsieur le Ministre* de Jules Claretie et, le 15 décembre, avec *le Maître de Forges* de Georges Ohnet.

D'un roman qui avait eu plus de cinquante éditions, Claretie avait tiré une pièce vive, spirituelle et alerte ; c'était, en outre, un véritable document sur la vie politique de notre temps, et la satire était parfois cinglante. Ce fut dans toute la salle un frémissement d'aise et de malice quand pétillèrent les plaisanteries sur les aléatoires durées des ministères. On riait à voir ridiculiser les petits travers de nos grands hommes, l'on chuchotait des noms, et l'on contait des histoires : Comme c'est lui ! — J'étais là quand on la lui a présentée ! On éclata de rire en entendant Sulpice Vaudrey déclarer « que nulle part, hors du ministère, il n'avait entendu parler de la France » ! Le héros lui-même, ce pauvre diable de Vaudrey, honnête homme, sans caractère et faible devant une femme, braillard, politicien, faiseur d'embarras et défaiseur d'intrigues parlementaires, était si « nature » ! Mon cher ami Claretie me racontait hier encore les souvenirs si amusants qu'il a gardés de *Monsieur le Ministre*. « Je me rappelle surtout Marais, excel-

LE THÉÂTRE ILLUSTRÉ. — MONSIEUR LE MINISTRE, par M. Jules CLARETIE, représenté au Gymnase. — (Dessins de M. de Haenen.)

lent, vaillant, inspiré, me disant : « Je veux être ministre des pieds à la tête ! » — Il étudiait son

LE DUEL
THÉATRE DU GYMNASE. — « LE MAITRE DE FORGES »
COMÉDIE DE M. GEORGES OHNET

rôle la nuit, dans son jardin. Et Marie Magnier, si élégante dans *Marianne Kayser*, et la jolie Eugénie

Lemercier... Il y avait une scène délicieusement jouée par Saint-Germain : — un ouvrier ébéniste, réparant un meuble chez la maîtresse de Vaudrey, se trouvait en face du ministre et lui parlait politique. « Qu'est-ce que ça me fait que Vaudrey ou Pichereau soit ministre!... le pain en vaudra-t-il deux sous moins cher? »...

Ce fut un franc et indiscuté succès, comme *le Maître de Forges* qui, pendant bien des mois, fit verser de douces larmes. La pièce avait été jadis présentée sans succès au Vaudeville et même à la Comédie-Française, sous ce titre : *les Mariages d'Argent*, et Georges Ohnet, désolé, découragé, voulait jeter au feu son manuscrit dédaigné. Mme Ohnet eut l'heureuse volonté de s'y opposer. Ohnet remania la pièce, et l'on sait le triomphe qu'elle obtint au Gymnase. Qu'elle était noble et passionnée, cette Claire de Beaulieu, trompée par le non moins noble duc de Bligny, et épousant par dépit le pauvre Philippe Darblay, l'énergique maître de forges, à qui d'ailleurs elle ferme sa porte le soir même du mariage. Oh! la tragique situation! oh! le pauvre Monsieur! et qu'il a raison plus tard de résister à son tour à sa toujours passionnée Claire, qui s'est reprise à aimer cet homme qu'elle avait tout d'abord méconnu. Explication, colères, défis, duel, réconciliation, et les maîtres de forges détrônent définitivement les Senneville (jeune colonel retraité, trente ans!) de M. Scribe. Saint-Germain, le père

stupide et repentant; Damala, qui physiquement
a tout ce qu'il faut pour tenir l'emploi des séduc-
teurs; Mme Jane Hading, aux belles attitudes,
et qui mieux que personne sait rendre à merveille ces personnages de convention, dont Claire
de Beaulieu est la plus complète incarnation,
sont acclamés par une foule en délire.

C'est le grand triomphe, et la critique a beau
montrer les dents, M. Koning, pendant de longs
mois, encaissera, chaque soir, « plus que le maximum », suivant l'ingénieuse note communiquée à
la presse.

En 1884, *la Ronde du Commissaire*, une erreur de
Meilhac et Philippe Gille, n'a que quelques représentations, alors que *le Prince Zilah*, de Jules Claretie, franchit glorieusement le cap de la centième.
Jane Hading est fort applaudie; ses merveilleuses
qualités plastiques et sa grâce hautaine sont mises
en pleine valeur par un très habile dramaturge, qui
a su utiliser jusqu'aux imperfections de sa belle
interprète. Damala lui-même, qui donne difficilement l'illusion d'un Parisien, est parfait en héros
hongrois; il a tout naturellement l'accent du personnage! Saint-Germain est chargé de la note
gaie, et c'est très justement que cette pièce curieuse, émouvante et pittoresque, attire tout Paris
au Gymnase.

L'année se termine glorieusement avec *Sapho*.
Jane Hading, Desclauzas, la jolie Darlaud, Damala, Landrol, Raynard et Duquesne font triom-

THÉATRE DU GYMNASE : LE « PRINCE ZILAH », PIÈCE EN QUATRE ACTES ET UN PROLOGUE, DE M. JULES CLARETIE.
1. Troisième acte, scène dernière. — 2. Prologue.

pher l'œuvre si forte, si cruelle, si humaine, d'Alphonse Daudet. Ce n'est plus qu'en 1887 que le théâtre retrouve un vrai succès, avec *l'Abbé Constantin*, tiré par Hector Crémieux et Pierre Decourcelle du roman de Ludovic Halévy. Le père des *Petites Cardinal*, renonçant au genre croustillant qui pendant si longtemps avait fait la joie de Paris, traça cette charmante figure de *l'Abbé Constantin* ; et Lafontaine, Marais, Noblet, M˙˙˙ Magnier, Desclauzas, Darlaud et Grivot jouèrent d'exquise façon cette délicieuse comédie, comme Madeleine Lemaire avait, avec le plus rare talent, illustré le touchant roman de L. Halévy.

Cette œuvre délicate et douce venait à son heure, et ceux qui, si justement l'applaudissaient, manifestaient du même coup contre les tendances vraiment par trop réalistes, affichées par la nouvelle école dramatique. — Que diraient-ils aujourd'hui ?

En 1897 Abel Hermant fait représenter au Gymnase *la Carrière*. Cette aimable comédie, remplie de trouvailles drôles, réussit pleinement, et Huguenet nous dessine un grand-duc de Russie hurlant de vérité.

En 1898, *les Transatlantiques*, tiré d'un de ses romans, par le même auteur, n'obtiennent pas un égal succès ; cependant cette curieuse pièce méritait un meilleur sort.

Alfred Capus, qui n'a pas encore trouvé l'admirable formule avec laquelle il ensorcellera Paris, donne, le 5 mars 1898, *Mariage Bourgeois* au Gymnase. Ai-je besoin de dire que cette comédie pétillante d'esprit et de verve est fort applaudie, mais ce ne sont pas les triomphes prochains de *la Veine*, de *la Châtelaine*. Cependant *Mariage Bour-*

M. LUDOVIC HALÉVY DANS SON CABINET DE TRAVAIL
A SUSSY-EN-BRIE.

geois fait présager *M. Piégeois*, dont nous faisons l'amusante connaissance sous les traits de l'excellent Numès. Il est déjà tenancier de tripot... Mais c'est sa fille qu'il prétend marier, et non pas lui. — Comme *Rosine* qui l'avait précédé, *Mariage Bourgeois* est une œuvre charmante, et les personnages que Capus campe sur la scène sont des êtres complets, bons, comiques ou méchants, mais toujours humains et toujours pittoresques. Le 6 avril de la même année, Jules Lemaître fait représenter *l'Aînée*. On raconte que, lors de la lecture de sa pièce faite par le spirituel académicien au Comité de la Comédie-Française qui pontifiait alors, — Jules Lemaître, ayant observé son malveillant auditoire, s'arrêta à la fin du second acte, referma son manuscrit et prit poliment congé de l'aréopage de comédiens qui, de toute la hauteur de leur talent, écoutaient, dédaigneux et distraits... « Je vois, Messieurs, que je me suis trompé, excusez-moi »... Et il porta au Gymnase cette pièce charmante, étrange, une des plus originales qui aient été représentées depuis bien longtemps.

Henri Mayer composa avec infiniment de goût, d'observation et de mesure, le rôle difficile d'un pasteur dont sa femme fait, en dehors du dogme, « un sensuel » ; cet excellent comédien donnait enfin sa mesure et marquait sa place à la Comédie-Française... encore la lui a-t-on fait trop longtemps attendre ! MM. Boisselot, Lerand, Numès, Gauthier, Mmes Yahne, Samary et surtout Suzanne Després sont les remarquables interprètes de cette belle œuvre. — Un acte délicieux de MM. Aderer et Éphraïm, *1807*, obtient un vrai succès et promène dans tous les salons de Paris le brillant uniforme chamarré d'or des officiers supérieurs de l'Empire ; quand ces héros se mettent en mouvement, ils ne sauraient s'arrêter en route, et le colonel de Montcornet ira promener son plumet jusque sur la scène de la Comédie-Française... Le théâtre du Gymnase, héritier du théâtre de Madame, a toujours porté bonheur aux colonels de hussards !

C'est en 1899 que le nom de M. Michel Provins apparaît sur les affiches d'un théâtre du boulevard : *Dégénérés*, représenté l'année précédente à la Bodinière, est repris au Gymnase. Tous les lettrés, qui appréciaient le merveilleux talent de M. Michel Provins, tous les lecteurs de ces amusants dialogues pleins d'émotion, d'esprit et de féroce observation, attendaient avec impatience ce sensationnel début théâtral, et *Dégénérés* réussit fort ; Porel avait demandé à l'auteur d'apporter quelques atténuations à cette thèse sociale violente et satirique ; avec son habituelle bonne grâce Michel Provins y consentit, mais sa pièce ironique et mordante dut, malgré tout, effaroucher les fantômes aimables et musqués des héros de Scribe, qui hantaient encore les vieux portants, et l'on put, ce soir-là, mesurer l'abîme qui séparait le Gymnase du théâtre de Madame ! *Dégénérés* fut interprété par une pléiade d'artistes de talent, Mmes Megard, Duluc, Toutain, MM. Grand, Chautard et Gauthier. On a dit, on a même écrit : « M. Michel Provins restera toujours l'auteur de *Dégénérés*, il a trouvé un mot et une idée qui caractérisent son époque. » — Une fois de plus « on » se trompait, et M. Michel Provins devait donner bientôt la preuve du contraire en faisant applaudir pendant plusieurs centaines de représentations *le Vertige* à l'Athénée et dans toute la France.

Petit Chagrin, trois actes délicieux, de Maurice Vaucaire, termine d'une charmante façon l'année 1899, et Léonie Yahne, la jolie Mlle Brésil, MM. Gauthier et Dubosc s'y font très justement applaudir.

Le 4 décembre 1900, première représentation de *la Bourse ou la Vie*, comédie en 4 actes de A. Capus. Très gros succès... et puis, ce n'est pas la « comédie rosse », c'est une œuvre de bonne humeur, où les mots spirituels jaillissent comme des fusées, et les bonshommes, joliment campés par l'auteur, sont si vivants, si vrais que dans la salle c'est un perpétuel éclat de rire : tout bas, on se chuchotte les noms officiels des pantins s'agitant sur la scène : « Je l'ai vu hier, et il m'a redit les mêmes choses ! » — « Je dîne avec lui demain, il sera le seul à ne pas s'être reconnu ! » Galipaux, Gemier et Dubosc sont excellents, et Mlle Rolly est parfaite. — C'est une belle soirée d'art et d'esprit.

C'est le 31 octobre 1901 que Maurice Donnay fit représenter *la Bascule*, et nous ne saurions assez redire notre étonnement de voir que cette œuvre charmante, une des meilleures parmi les chefs-d'œuvre dus à cet admirable écrivain, n'a pas eu le succès qu'elle méritait à tant de titres. C'est un éblouissement, un feu d'artifice d'esprit dont Mlle Rolly et M. Huguenet sont les remarquables « Ruggieri ». *Le Détour*, qui est en quelque sorte

la suite d'*Yvette*, de Guy de Maupassant, est une
œuvre puissante, et qui fait le plus grand honneur
à M. Bernstein. Ce fut le début au théâtre de
Mme Simone Le Bargy, une artiste vibrante, passionnée, intelligente, qui, après avoir du premier
coup, conquis la faveur du public, devait donner
toute sa mesure dans *le Retour de Jérusalem* et
dans *la Rafale*.

Le 10 mai 1902, Romain Coolus fait représenter
Lucette, une comédie étrange, curieuse et vivante,
digne du grand talent, si original, de l'auteur.

L'année se termine sur une nouvelle œuvre de
M. Bernstein, *Joujou*, interprétée par Jeanne Granier, qui est à ce point bonne personne, qu'après
nous avoir si longtemps fait sourire, elle ne peut
se résoudre à nous faire pleurer. L'histoire du
Gymnase en 1903 sera courte. Elle renferme deux
dates heureuses : elle s'ouvre, le 6 janvier, par *le
Secret de Polichinelle*, un petit chef-d'œuvre d'émotion, admirablement interprété par Mme Judic,
dont les cheveux ont blanchi sans que ses yeux
admirables aient perdu leur doux éclat, et par
M. Huguenet, un comédien de la grande école et qui
sait — chose rare ! — se renouveler à chaque création. Le 3 décembre, Maurice Donnay fait représenter *le Retour de Jérusalem*, une œuvre maîtresse,
qui, avec une rare audace, jette sur la scène, les
questions trop palpitantes du jour : c'est la lutte des
sémites et des antisémites ; avec un sang-froid im-
perturbable Maurice Donnay frotte impartialement

l'échine de nos aimables contemporains : chacun écope « suivant son grade », et en écoutant cette comédie si forte, une des plus complètes du théâtre contemporain, songeurs, nous revoyions, mes amis et moi, cette haute salle enfumée du Chat noir, encore vibrante des boniments hurlés par le gentilhomme Salis : là, dans la vapeur bleue des cigares qui rendaient plus mystérieuse la presque obscurité de la salle, se profilait sur le carré lumineux des ombres chinoises la silhouette d'un jeune homme, à la voix chantante, aux cheveux crépus, aux yeux rieurs relevés vers les tempes, à la japonaise : c'était Maurice Donnay nous disant : *Phryné* ou *Ailleurs*. Et de quels bravos nous savions saluer ces vers exquis, étincelants, où il nous racontait les malheurs d'*Adolphe ou le Jeune Homme triste* :

>... Il fut reçu docteur en droit,
> N'ayant jamais, à ce qu'on croit,
> Connu la fleur ni la fleuriste,
> Et je ne sais rien de plus triste ;
> Et, quand il voulut un beau jour
> Mordre à la pomme de l'amour,
> Il tomba sur une modiste
> Qui le trouva tellement triste,
> Qu'elle le trompa sur-le-champ
> Avec un professeur de chant
> Qui possédait le genre artiste :
> Alors il fut beaucoup plus triste !...

Et les chants du poète Terminus que nous frédonnions aux soupeuses étonnées remontant la rue des Martyrs !....

> Quand les doux parfums du soir
> Comme d'un sombre encensoir
> Montent de la terre brune,
> Nous regardons, en rêvant,
> Les nuages que le vent
> Fait passer devant la lune
> . . . .
> Les poètes vont rêvant,
> Les nuages vont crevant,
> Les averses lunatiques
> Nous percent de part en part,
> Et c'est bien fait pour nous, car
> Nous ne sommes pas pratiques...

Et c'est un délicieux souvenir que celui de ces belles soirées d'art et de jeunesse où nous acclamions ce charmant Maurice Donnay, pour qui il m'est très doux de tresser aujourd'hui une glorieuse couronne avec des fleurs d'hier, un peu fanées peut-être, mais tout embaumées encore de l'odeur du printemps qui les vit éclore.

En ce moment, *la Rafale*, de Bernstein fait, chaque soir, connaître à cet heureux Gymnase les douceurs du maximum. Puisse cet heureux état de choses durer toujours ! C'est la grâce que je souhaite aux modernes caissiers du vieux théâtre de Madame !

VUE DU THÉÂTRE DES VARIÉTÉS SUR LE BOULEVARD

THÉATRE DES VARIÉTÉS

Le décret de 1807. — *Le Panorama de Momus.* — Le boulevard Montmartre. — Le grand Potier. — La guerre des calicots. — Déjazet. — Brunet et l'Empereur. — L'Année des *Cendrillon.* — Le retour de Louis XVIII. Odry. — La *Vie de Bohème.* — Le Théâtre de Meilhac et Halévy. — Mlle Schneider et Jose Dupuis. — *Le Nouveau Jeu* et le théâtre d'Henri Lavedan. — *La Veine.* — *M. de La Palisse.*

Dans les premiers jours du mois d'août 1806, un décret impérial limita à *huit* le nombre des théâtres autorisés à Paris et d'un trait de plume supprima tous les autres, en leur accordant généreusement *huit jours* pour fermer leurs portes, licencier leur personnel, et mettre toute leur troupe sur le pavé !

— C'était aussi inhumain qu'arbitraire. En dehors des quatre grands théâtres (*Opéra*, *Comédie-Française*, *Opéra-Comique* et *théâtre de l'Impératrice*), seuls étaient tolérés la Gaîté, l'Ambigu, le théâtre des Variétés et le Vaudeville de la rue de Chartres ; en revanche, la Porte-Saint-Martin, le théâtre Molière, le théâtre du Marais, le théâtre des Jeunes Artistes, le théâtre Sans-Prétention, quatre ou cinq autres encore disparaissaient. De plus, l'Empereur avait décidé que les Variétés (ancien théâtre Montansier) quitteraient le Palais-Royal, où leur voisinage déshonorait la Comédie-Française !

Il avait donc fallu s'exiler et s'installer provisoirement dans la salle de la Cité, sur la rive gauche, vis-à-vis le Palais de Justice, sur les ruines de l'ancienne église Saint-Barthélemy (à l'endroit où devaient plus tard retentir les flonflons du bal du Prado), pendant que l'architecte Célerier achevait de construire la nouvelle salle du boulevard Montmartre, qui coûta 600.000 francs ; et ce fut le 24 juin 1807 que les Variétés ouvrirent leurs portes au public.

Dans le charmant volume, *Notes et Souvenirs*, que nous a donné Ludovic Halévy, se rencontre un délicieux portrait de l'amusant père Dupin, ce doyen des vaudevillistes, mort à quatre-vingt-dix-neuf ans. — Il faut lire de quel air il parle du boulevard Montmartre... « Les acteurs des Variétés avaient été obligés de quitter la salle de la Monansier. Leurs vaudevilles avaient plus de succès et faisaient plus d'argent que les tragédies du Théâtre-Français. L'empereur rendit un décret qui leur retira la salle du Palais-Royal... On leur permit de construire une nouvelle salle sur le boulevard

LA REVUE DES BATTOIRS.

Montmartre !... Un affreux quartier pour un théâtre !... C'était presque la campagne ; il n'y avait pas une seule de ces grandes maisons que vous voyez là. Rien que de petites échoppes à un seul étage, des espèces de méchantes baraques de bois et les deux petits panoramas du sieur Boulogne... Pas de trottoir... le sol en terre battue entre deux rangées de grands arbres... Quelques vieux fiacres et cabriolets passaient de temps en temps. La campagne, enfin ! C'était la campagne !! » Dupin

d'ailleurs jugeait sévèrement les hommes et les choses ; rien pour lui n'existait en dehors du théâtre, et il fallait l'entendre parler de Napoléon !...
« C'était un petit gros, l'air commun et qui n'aimait que la tragédie ! Quelle horreur !... »

L'acteur Hyacinthe, qui appartint au Théâtre

LE THÉATRE DES VARIÉTÉS VERS 1820.

des Variétés avant de se faire tant applaudir au Palais-Royal, racontait à Halévy que, vers 1835, venant à cheval des environs de Paris, pour ses répétitions, il attachait lui-même sa monture devant la porte du théâtre, enroulant la bride autour de l'un des arbres du boulevard Montmartre !

La pièce de début fut *le Panorama de Momus* par Désaugiers, Francis et Moreau. Toute la troupe jouait, et quelle troupe ! Cazot, Joly, Brunet et Mme Cuizot, Mme Mengozzi, etc., etc.

ODRY, RÔLE DE LUCAS DANS « L'ÉCOLE DU VILLAGE »,
THÉÂTRE DES VARIÉTÉS.

Cette œuvre curieuse eut un grand nombre de représentations. Bientôt Brunet et Odry complétèrent cet ensemble remarquable et, de plus, Brunet, l'idole du boulevard, fut adjoint à l'administration des Variétés. Ce fut lui qui engagea le grand acteur Potier, Lepeintre aîné et Arnal, complétant ainsi une incomparable réunion de comédiens de talent.

M. PEROUD dans le rôle de l'HOMME GRIS
M. THENARD dans celui du Baron de Sandorf.
J'homme gris Coride ?

« Ainsi le suprême bon ton aujourd'hui est de ne plus avoir l'air d'être de son pays. »

Potier, de l'aveu de tous ses contemporains, fut le plus remarquable acteur comique de cette époque. Les débuts de ce grand artiste passèrent presque inaperçus aux Variétés; mais sa création du père Fumeron, dans l'Intrigue du Carrefour, le plaça vite au premier rang; ses appointements étaient plus que modestes; à cette époque, où tout Paris l'acclamait, Potier gagnait 4.000 francs par an! — Et ses directeurs lui faisaient au jour de l'an le don généreux d'une douzaine de couverts d'argent!

C'est, je crois, à cette date que se place le délicieux détail d'un engagement qui contenait cette clause singulière :

« La claque fera son entrée à M. X... et continuera d'applaudir tant que M. X... n'aura pas salué. »

LE COMBAT DES MONTAGNES.

Le 12 juillet 1817, grand tumulte aux Variétés. MM. Scribe et Dupin donnent *le Combat des Montagnes*, pièce d'actualité sur la concurrence que se faisaient plusieurs magasins de nouveautés. Un jeune commis marchand, M. *Calicot*, moustachu, éperonné, bravache et vantard, y était fortement houspillé. La corporation tout entière se crut visée et atteinte par cette inoffensive plaisanterie, et voilà la guerre allumée. Paris s'amusa fort de cette lutte comique et chantait un peu partout les couplets qui avaient allumé la discorde et où l'on se riait des éperons chaussés par M. Calicot :

> Ah ! croyez-moi, déposez sans regrets
> Ces fers bruyants, ces appareils de guerre,
> Et des amours sous vos pas indiscrets
> N'effrayez plus les cohortes légères.
> Si des beautés dont vous causez les pleurs
> Nulle à vos yeux ne se dérobe,
> Contentez-vous, heureux vainqueurs,
> De déchirer leurs tendres cœurs,
> Mais ne déchirez pas... leur robe...

La vogue se maintint jusqu'à la fin de la Restauration. C'est en 1817 que Déjazet entra aux Variétés. Elle joua *Quinze Ans d'absence*, puis *les Petits Braconniers* et enfin *les Écoliers en Vacances*, où elle eut la mauvaise chance de remplacer avec succès Mlle Pauline ; cette Mlle Pauline avait, paraît-il, la plus décisive influence sur l'acteur Brunet, qui dirigeait alors les Variétés, et Virginie Déjazet fut sacrifiée.

M. Henry Lecomte, dans la précieuse et si complète étude qu'il a consacrée à Déjazet, nous apprend que son héroïne, après plusieurs mois d'attente, désespérant de changer les dispositions hostiles de son directeur, rompit son engagement. En apprenant cette rupture, Potier dit à Brunet, qui paraissait s'en réjouir : « Tu fais une grande sottise, cette petite fille ira loin. Il y a en elle l'étoffe d'une grande comédienne. » Potier n'était pas seulement un admirable artiste, il voyait juste.

M.lle PAULINE, rôle du PETIT CHAPERON ROUGE, N.° 271
dans la pièce de ce nom

Quand fillette va seul aux champs
Tous les bergers sont autour d'elle ;
En cueillant les fleurs du printemps
Quelqu'fois elle perd la plus belle
A Paris, chez Martinet Libraire, rue du Coq, N.° 13 et 15

Et c'est alors que V. Déjazet, lassée, énervée, accepta un engagement en province et partit pour Lyon.

Pourtant Brunet était homme d'esprit : Mlle Flore, dans ses amusants *Mémoires*, si bien présentés par M. d'Alméras, raconte que, jouant devant l'Empereur dans *Cadet Roussel beau-père*, il terminait la pièce par cette phrase : « Ne donnons jamais rien à nos enfants, si nous voulons qu'ils aient pour nous une reconnaissance égale à nos bienfaits. »

Brunet crut s'apercevoir qu'à ce moment Napoléon crispa son olympien sourcil ; aussi s'empressa-t-il d'ajouter, en faisant une habile allusion à la naissance récente du Roi de Rome : ... « excepté quand nous pouvons leur donner un trône ».

Après avoir dit ces mots, il s'inclina profondément ; l'Empereur alors se tourna vers la reine Hortense, et lui dit avec un grand éclat de rire : « Décidément, Brunet est un grand politique. »

Deux fois ce brave Brunet donna ainsi, sans le vouloir, une leçon à Napoléon.

La seconde fois, ce fut à Gros-Bois, à la fin de 1809, chez Berthier, prince de Neufchâtel. L'Empereur y était venu chasser. Le grand-maréchal, pour distraire l'Empereur tristement préoccupé de son divorce avec Joséphine, avait organisé une représentation théâtrale. Brunet joua *M. Vautour*, puis l'amusante parade *Cadet Roussel professeur de déclamation*.

Dans cette dernière pièce, Blanchet est amou-

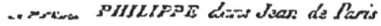
PHILIPPE dans Jean de Paris

« Jean de Paris sera trop heureux d'habiller le Roi d'Angleterre
et ses nobles Parents à la mode française ».

reux de Manon, femme de Cadet Roussel, et s'est
introduit chez le mari sous le fallacieux prétexte
d'apprendre à déclamer la tragédie. On prévient

Cadet Roussel : « S'il vient ici, c'est pour t'enlever ta Manon et te mettre dans le cas de demander ton divorce. » Et Cadet de répondre : « Est-ce que vous croyez que c'est pour le plaisir que je me suis marié? c'est pour le solide; c'est pour ne pas laisser finir la perpétuité de ma famille; c'est pour avoir des *prédécesseurs!* »

La foudre tombant sur le théâtre n'eut pas produit plus d'effet. M. de Saint-Cyr, intendant, parlait de se passer sa clef au travers du corps. L'auditoire était consterné. L'Empereur contractait ses sourcils. Joséphine retenait difficilement ses larmes.

Le rideau baissé, le maréchal Berthier et M. de Saint-Cyr se confondaient en regrets.

L'Empereur répondit simplement : « Ceci me prouve au moins que mon secret ne s'est pas ébruité, autrement ces bonnes gens n'auraient certaine-

ment pas débité ce que je viens d'entendre! »
En 1808, Cendrillon fut à la mode : on l'exhiba
sur tous les théâtres de Paris : à l'Odéon, *la Nou-*

ERNEST, rôle de CENDRILLON et M⁽ᵉ⁾ PAULINE, rôle de la FÉE MUSETTE, dans la Petite Cendrillon ou la Chatte merveilleuse.

Un moment, Cocher!...... dites donc, ma Marraine, s'il vous prend fantaisie de redevenir chatte d'ici à ce soir, vous trouverez votre pâtée sous la fontaine.

velle Cendrillon de Perrin et Rougemont ; à la
Gaîté, *la Fête de Perrault* ou *l'Horoscope de Cen-
drillon*, par Dubois et Brazier ; au Vaudeville, *la
Cendrillon des Écoles*, par Chazet et Dubois, et *les
Six Pantoufles*, de Dartois et Dupin ; à la Porte-
Saint-Martin, *Arlequin Cendrillon*, par Hapdé ; au
théâtre des Jeux-Forains (salle Montansier), *la
Famille de Cendrillon*, par Henri Simon ; et, enfin,

Cendrillon à l'Opéra-Comique; ce fut la seule qui contrebalança le succès de *la Chatte merveil-*

leuse des Variétés, où Brunet jouait le rôle de *Cendrillon*. On ne peut, paraît-il, se faire une idée de

PERLET DANS « LE COMÉDIEN D'ÉTAMPES ».

l'illusion que ce grand artiste produisait dans ce rôle. « Toute sa personne était devenue femme et même fort jolie femme », écrit Flore dans ses *Mémoires*.

Potier triompha également dans *le Ci-devant Jeune Homme*. Ce fut la mode à Paris d'imiter sa toux bronchiteuse, alors qu'il appelait son domes-

tique : « L..a Br..an...che ! », ou son zézayement plaisant pour répondre au tailleur venant lui livrer une culotte collante : « Si j'entre dedans... je ne la prends pas !! » et Potier retrouva l'éclatant succès qui l'avait accueilli dans *les Petites Danaïdes*. Potier se grimait, paraît-il, d'étonnante façon ; il suffit, du reste, pour s'en rendre compte, de parcourir les collections d'aquarelles qui le représentent dans ses principaux rôles. C'est merveilleux.
— Dessinateur habile, il parcourait Paris à la recherche du « type » qu'il comptait reproduire et le « croquait d'après nature ». Il ne lui restait plus qu'à copier ses copies. — Le comique Perlet lui donnait la réplique.

Arrivent la chute de l'Empire et l'entrée de Louis XVIII à Paris. Flore en donne cet amusant épisode : « J'étais avec nos camarades sur le balcon des Variétés : ce qu'il y eut de remarquable, c'est qu'un de nos auteurs était à la tête du cortège (l'observation est bien d'une actrice !) ; Martainville, à cheval, avec un panache blanc et agitant un grand sabre, nous salua en passant. Il eut l'air de nous dire : « C'est moi qui vous le ramène ! »

Vers 1830, le foyer du théâtre des Variétés était un des centres de réunions artistiques à Paris. Les mémoires manuscrits de son père, que M. Ch. Masset a bien voulu mettre à notre disposition, nous disent quelle aimable compagnie se réunissait au théâtre. C'était Pigault-Lebrun, Désaugiers, Béranger, Dumersan, Rochefort père, Mélesville,

Bayard, Scribe, Carmouche, Théaulon, Dartois,

Baclerdalbe, del.
LE THÉATRE DES VARIÉTÉS VERS 1815.

Dumanoir, Arvers et bien d'autres. On y riait beaucoup, paraît-il, et facilement. Masset raconte l'histoire d'une de ces folies qui faisaient pâmer les spectateurs. Odry jouait le rôle d'un vieillard aveugle dans *le Tyran peu délicat* ou *l'Enfant de cinq ans muet et courageux !* Après avoir imité le

ODRY *Rôle de Lucas dans l'École de Village ou l'Enseignement Mutuel*

vibrement célèbre de l'acteur Marty, Odry chantait ; la voix d'Odry était, paraît-il, inouïe, charivaresque, stupéfiante, un grincement sans nom, et il parodiait Duprez, le grand artiste de l'Opéra, qui venait d'obtenir un triomphe dans *Guido et Ginevra*. Un air surtout avait soulevé la salle :

Quand renaîtra la pâle aurore...

C'est cet air qu'Odry soupira, et de si comique façon que la salle, se tordant de rire, lui cria : *Bis ! bis !* Alors Odry mit la main sur son cœur, s'inclina, et avec un clignement d'œil particulier :

— Je veux bien recommencer, dit-il, mais... ne le dites pas au *petit !* (le petit, c'était Duprez.)... Il serait jaloux !

Un détail amusant : c'était Vaucorbeil enfant, qui fut plus tard directeur de l'Opéra, après le règne de M. Halanzier, qui jouait le rôle ingénu de « l'enfant muet et courageux ».

Dans ses *Mémoires intimes*, M. Denormandie raconte également quel esprit, quelle bonne grâce, quelles drôleries se dépensaient chaque soir dans ce gai foyer, plein de jolies femmes, d'aimables artistes et de spirituels écrivains. C'est là que Rochefort père raconta ce si joli mot de Mlle Beaumesnil de l'Opéra, répondant à l'offre de M. de la Belynaie qui mettait à ses pieds « sa fortune et son cœur » : « Je n'en accepte que la moitié ! »

Le 14 janvier 1836, Frédérick Lemaître, ayant rompu ses engagements avec les théâtres de l'Ambigu et de la Porte-Saint-Martin, entra aux Variétés. *De Courcy* et *Théaulon* se réunirent pour écrire la pièce de début de Frédérick dans ce théâtre, dont le répertoire léger et aimable contrastait si complètement avec les drames à passion, les comédies aristophanesques ou les noirs mélodrames qui se jouaient sur les scènes jusqu'alors illustrées par l'immense talent du comédien. Assez adroitement, Théaulon avait bâti un scénario qu'il annonçait en ces termes au grand acteur : « La pièce est en cinq actes et aura pour titre *Kean* ou *Désordre et Génie*. Il y a de tous les genres, et je donnerais tous mes succès passés, présents et futurs, pour que vous en soyez content¹ » (16 janvier 1836). Le scénario de Théaulon et de Courcy était pittoresque, mais il n'était pas complet. La collaboration d'un maître s'imposait, et Alexandre Dumas récrivit la pièce, la modifia, la remania. *Kean*, représenté le 31 août 1836, obtint un immense succès, et Dumas put très justement envoyer ce billet à son prestigieux interprète :

Je vous écris ce soir, en rentrant, pour vous féliciter de tout mon cœur. Il y a longtemps que je vous ai dit qu'à mes yeux vous étiez le seul artiste dramatique de l'époque; je ne puis que le répéter. Adieu. Je vous embrasse et demeure tout à vous.

Alexandre Dumas.

A l'intérêt qu'offrait la pièce si ingénieusement composée, s'ajoutait la curiosité que présentait l'in-

1. Henry Lecomte, *Un comédien au XIXe siècle : Frédérick Lemaître.*

terprétation du rôle de Kean par Frédérick. Il y avait tant d'affinité entre le talent et aussi entre les extravagances de ces deux admirables artistes que ce fut un attrait de plus et que cette soirée,

LE THÉATRE DES VARIÉTÉS VERS 1828.

redoutable pour le protagoniste de tant de drames, finit en apothéose. Une autre comédie se joua dans la salle : on se souvient de la fameuse tirade de Kean sur les « journalistes vendus que l'impuissance de produire a jetés dans la critique ; ceux-là sont jaloux de tout ; ils flétrissent tout ce qui est noble, ils abaissent tout ce qui est grand... etc. »

En traçant ce portrait sévère, Dumas visait directement le critique Charles Maurice, dont l'évidente mauvaise foi et la haineuse malveillance l'avaient si longtemps poursuivi ; Frédérick Lemaître, lui aussi, avait été une des victimes de ce triste personnage ; aussi l'avait-il nettement et personnellement désigné en jetant à la salle frémissante ses apostrophes vengeresses, et ce fut un gros scandale.

Kean remporta un beau et mérité succès, le seul d'ailleurs que Frédérick obtint aux Variétés. Après deux autres tentatives avortées, le grand comédien comprit que cette petite scène cadrait mal avec son impérieux talent, et Dumanoir, alors directeur, résilia amiablement, en septembre 1837, le traité qui liait Frédérick Lemaître au théâtre.

Suivant la mode de l'époque, le chef d'orchestre des Variétés, M. Masset, avait composé une suite de petits morceaux de musique destinés à souligner et à accompagner l'entrée et la sortie de chacun des personnages de la pièce. A une répétition de *Kean*, Frédérick interrompit un jour M. Masset par cette observation : « Pardon, monsieur le chef, pardon, mais ces violons sont plus qu'inutiles, je tiens à n'avoir qu'un simple accompagnement... Le chant... c'est moi ! »

Un autre jour, que Mme Atala Beauchêne entrait en scène sur un trémolo de flûte, Frédérick interrompit de nouveau la répétition et, très poli, chapeau bas : « Excusez-moi, monsieur le chef, dit-il, mais pourquoi donc Mme Atala Beauchêne est-elle toujours accompagnée par la flûte ? Ne pourriez-vous avoir l'extrême bonne grâce de lui f... un peu de clarinette? »

Le 28 octobre 1837, Bayard et Théaulon font

ODRY, DANS « LES SALTIMBANQUES ».

représenter *le Père de la Débutante*, un bijou d'esprit et de comique observation. A la même époque, les Variétés éprouvent le besoin de mélanger les genres, et une reprise des *Cuisinières* est étayée par l'adjonction d'une troupe de danseuses espagnoles qui initient Paris aux joies de la *Cachucha !*

Puis, c'est l'épique série des *Saltimbanques* et des *Trois Épiciers*, qui immortalisèrent Odry.

Il est à peu près impossible aujourd'hui de comprendre la popularité dont jouissait un comédien comme Odry en 1838. On l'imitait, on le copiait : on lui prêtait des mots, des calembours ; on lui en dédiait. Il était d'ailleurs fort drôle dans Bilboquet, ce tintamarresque saltimbanque qui « connaît toutes les banques... sauf la Banque de France! » On publiait des *Odriana*, recueils de facéties, coq-à-l'âne, bons mots, etc., de M. Odry. Une chanson, *les Bons Gendarmes*, lui était chaque jour redemandée par une foule en délire, et nous ne pouvons vraiment nous expliquer aujourd'hui en relisant cette abracadabrante élucubration le succès qui l'accueillit jadis.

Un compte rendu du *Monde Dramatique* (août 1838), définit ainsi la première représentation des *Bayadères :* « Jamais plus nombreuse et plus brillante assemblée ne s'est pressée dans la salle des Variétés. La musique était représentée par Mme Damoreau, ce diamant rare et étincelant entre tous, et par M. Adam, l'auteur du *Postillon*, et l'on remarquait dans une loge des premières, voisine de l'avant-scène, le peintre de *la Bataille de Taillebourg*, Eugène Delacroix, causant avec une jeune femme au front poétique, au regard inspiré, dans les traits de laquelle chacun reconnaissait notre grand écrivain, George Sand ! Ce soir-là, Duprez était délaissé pour *les Bayadères*, *Guillaume Tell* pour le Malapou... » Ce fut d'ailleurs un four !

On ne saurait croire combien étaient parfois

(Par Brazier et Dumersan.)
« LES CUISINIÈRES »
Scène XXVI. François (Odry). C'est ses maîtres !

naïves les pièces offertes à nos grands-parents.

Je cueille dans le même volume du *Monde Dramatique*, à la date du 28 avril 1838, le compte rendu d'un vaudeville représenté aux *Variétés* un jour de bénéfice. Cela s'appelle la *Voix de Duprez* (le célèbre chanteur de l'Opéra était alors à l'apogée de son succès). « Il s'agit là-dedans de l'Elixir vocal dont on a tant parlé et dont on parle encore à Paris. »

Un « employé dans les bitumes », M. Gorinflot, veut en user pour devenir un étonnant chanteur, obtenir l'*incomparable voix de Duprez*. « Au lieu de prendre le véritable élixir, il avale du cirage à bottes; au lieu de gagner une jolie voix, il perd sa maîtresse, qui s'envole avec un milord anglais sur un char-à-bancs pour aller se promener à ânes dans les bosquets touffus de Montmorency. » Et le compte rendu ajoute, ce que je comprends : « Pour la première fois, on a sifflé *la Voix de Duprez*, et cette *bouffonnerie* était, paraît-il, l'œuvre du célèbre Odry, l'enfant gâté du public, celui-là même qui, atteint de la manie des calembours, répondait aux applaudissements d'un public idolâtre : « Vous êtes tous des *Gâte-Odry?* » Et l'on s'esclaffait!... Heureux temps!

C'est à peu près à la même date que le compte rendu d'une petite pièce, *l'Insomnie*, se terminait par ces mots : « M. Roche a fait ce qu'il y a d'ennuyeux dans la pièce, M. Comberousse le peu qui s'y trouve d'amusant. » — C'est aimable!

Quelques années plus tard, Nestor Roqueplan, directeur des Variétés, ayant, à prix d'or, enlevé Bouffé au Gymnase, adjoignit à cet artiste Déjazet, qui, pour une question d'appointements, venait de quitter le Palais-Royal, et c'est une fructueuse série de reprises; puis des créations : *Un Conte de Fées*, *la Gardeuse de Dindons*, *la Fiole de Cagliostro*, et enfin *Gentil Bernard*, un vrai succès.

A cette époque, nous apprend M. Lecomte, se place ce curieux épisode. Lors d'une tournée dans le Nord, Déjazet visitant à Ham la prison renfermant le prince Louis-Napoléon, raconte ainsi ses émotions : « Je m'arrêtai avec intérêt devant le petit jardin planté par lui, dont les fleurs semblaient dire : « Nous aussi sommes prisonnières, l'air et la terre nous manquent... » Plus loin, je fis un gros soupir en mesurant le court espace qu'on accordait à sa promenade à cheval... Je détachai d'un mouvement spontané une médaille de Notre-Dame de Fourvières, et la confiai au valet de chambre du Prince, qui précisément passait près de nous en ce moment. Quelque temps après, il s'était évadé ! »

Déjazet fut une femme exquise et bonne, pleine d'esprit et de cœur, et qui écrivait aussi spirituellement qu'elle jouait la comédie.

Le 3 avril 1849, le marquis de Saint-Georges donne *Mademoiselle de Choisy*. C'était un homme original et charmant, que ce marquis de Saint-Georges. Je l'ai beaucoup connu après la guerre, vers 1871, et j'en ai gardé le souvenir précis : il avait dû être fort beau et était resté élégant, musqué, corseté. Je me souviens de boutons de corail guillochés qui fermaient son gilet de velours, et qui avaient émerveillé mes quinze ans ! Causeur délicieux, conteur intarissable, il disait avec infiniment d'esprit d'étonnantes histoires. Il racontait ses collaborations. Il mimait Donizetti réglant brusquement du papier blanc, le muant en papier à musique, et jetant rageusement des petites notes sur ces portées improvisées, pendant que lui, Saint-Georges, de l'autre côté de la table, confectionnait péniblement un « ours », un vague canevas de trio destiné à remplir un vide musical dans la partition de *la Fille du Régiment*.

— Eh! que faites-vous, Donizetti?

— Mon cer, répondait avec un stupéfiant accent italien, le compositeur interpellé, j'écris la musique des vers que vous faites.

— Mais vous ne les connaissez pas.

— Ça m'est égal! Sur vos doigts je vous vois compter ounne, dousse, troise; en mousique, j'écris : ounne, dousse, troiss. Voilà, tenez... et, se mettant au piano, Donizetti joue à Saint-Georges ébaubi la musique du trio célèbre :

Tous les trois
Réunis..., etc.

Une autre fois, il contait... « J'étais fort intrigué; dans l'antichambre de mon appartement, rue de Trévise, se trouvent deux bustes qui se font vis-à-vis, Molière et Scribe! Ces bustes, en marbre blanc, avaient toujours le nez noir. J'avais beau faire savonner ces deux grands hommes; leurs nez renoircissaient comme par enchantement! Cela tenait du prodige! Enfin, j'eus l'explication. Mon frotteur, tous les lundi matin, encaustiquait, puis passait à la laine le parquet, et pour se tenir en équilibre, pendant ces glissantes opérations,

il prenait alternativement son point d'appui sur l'un et l'autre de mes deux nez, et ses mains étaient noires... Il daigna se rendre à mes prières, et mes bustes ont enfin le nez propre ! »

M. de Saint-Georges était vieux, mais dissimulait les années avec un art merveilleux. Auber, son vieil ami, disait de lui : « Je ne sais vraiment pas son âge : toutefois, je me souviens que, vers 1792, ma nourrice, qui était fort jolie, m'emmenait jouer au Jardin-Égalité, et là un monsieur déjà mûr lui faisait la cour et m'offrait des macarons... C'était Saint-Georges. Nous sommes en 1869, concluez!... »

C'est à Saint-Georges qu'Auber murmurait, un jour d'enterrement : « Vois-tu, je me sens partir. Il me semble que c'est la dernière fois que je viens à un enterrement, en amateur. »

Pauvre Auber, il devait mourir seul, presque abandonné, pendant les derniers jours de la Commune de Paris, en même temps que tombait la colonne Vendôme. On déposa son corps dans les caveaux de l'église de la Trinité, et ce fut seulement le 15 juillet 1871, que ce charmant artiste eut des obsèques dignes de son grand talent.

Le 22 novembre 1849, première représentation de *la Vie de Bohème*. C'est un succès fou. Barrière avait mis à la scène l'adorable fantaisie de Mürger, les recettes étaient superbes, et Mürger, à la fin du mois de décembre, ne fut plus en droit de répondre au facteur qui lui apportait son almanach annuel : « Je ne sais trop si je devrais prendre votre calendrier... je n'ai pas été content du dernier! »

Le 7 juin 1855, Hippolyte Cogniard est nommé directeur des Variétés. *Les Enfants de troupe*,

HENRI MEILHAC ET LUDOVIC HALÉVY VERS 1865.

comédie de Bayard et de Biéville, jouée par Bouffé, Ambroise, Michel, Mmes Laurence, Genot, etc., sont un gros succès ; de 1855 à 1869, Dupuis, Grenier, Couder, Leclère, Lassagne, Christian, Hittemans, Hervé, Blondelet, Baron, Mmes Schneider, Alphonsine, Judith Ferreira, Aline Duval, Silly, Zulma Bouffar sont engagés. La belle troupe, les excellents artistes ! C'est eux qui auront l'honneur d'interpréter la plus grosse partie de l'étincelant répertoire d'Offenbach, de Meilhac et Halévy ; c'est eux qui attacheront leurs noms à la plus joyeuse période de l'opérette française.

Quelques titres évoqueront quelques souvenirs : *La Lanterne Magique* (1856), *Ohé! les Petits Agneaux*, de Cogniard et Clairville (1857), *les Chevaliers du Pince-Nez*, repris plus tard à Déjazet, où apparaît la si plaisante silhouette de Chabannais, le vieux noceur bossu, zézayant, fanfaron, casseur de cœurs et crâneur, un petit-fils du célèbre Mayeux. Le 6 octobre 1860 marque le début aux Variétés d'une collaboration célèbre : Henri Meilhac et Ludovic Halévy donnent *Ce qui plaît aux hommes*, pièce en un acte, mêlée de prose, de vers et de couplets (Meilhac fut seul nommé sur la brochure). Ludovic Halévy, fonctionnaire, avait gardé l'anonymat.

Ce qui plaît aux hommes était joué par MM. Raynard, Ch. Potier, Mmes Durand, Ulric Lejars, Sophie, Leblanc, etc. ; et l'argument scénique donne cette indication vague, « un jardin près de

Golconde : au fond, un kiosque, à gauche, sur le devant, un télégraphe électrique ».

Formosine (Mlle Garnier) y chantait ce joli rondeau où se trouve déjà la grâce capiteuse des vers de la *Périchole* :

(Coll. L. Péricaud.)
MADEMOISELLE LÉONIDE LEBLANC.

Ce livre est celui de
    [l'Amour ;
Il est aussi vieux que le
    [monde,
Et sur cette terre, à la
    [ronde,
Chacun doit le lire à son
    [tour.
Si les pages en sont brû-
    [lantes,
C'est qu'elles gardent la
    [chaleur
De toutes les mains fré-
    [missantes
Qui les tournent avec
    [ardeur...

Et l'Amour se présentait ainsi :

L'Amour... c'est moi... Je suis... comment faut-il le dire ?
    On l'a déjà tant dit et de tant de façons !
Je suis... vous le savez, puisque je vous vois rire,
    Et déjà nous nous connaissons !
Je suis celle de qui tout le monde s'occupe
Celle que du théâtre on voudrait voir partir,
Mais que sournoisement on retient par la jupe,
    Tout en lui disant de sortir !...

N'est-ce pas charmant, et ces jolis vers ne méritaient-ils d'être remis sous les yeux du public?

Un nom apparaît pour la première fois sur l'affiche : celui de Mme Leblanc (rôle d'Ignorantine); c'était l'admirable Léonide Leblanc, si royalement belle, que Lambert Thiboust avait découverte dans un bouibouis de Belleville. Meilhac la trouve exquise et lui décoche ce quatrain :

> Si le Roi du Parc aux amours
> Régnait encore, petite fille,
> Vous seriez Reine avant huit jours...
> Moi, je serais à la Bastille !

Puis vinrent *le Menuet de Danaé* (20 avril 1861), *Brouillés depuis Wagram*, *Un Mari dans du coton*, *l'Homme n'est pas parfait*, ce petit chef-d'œuvre d'émotion populaire, où l'acteur Christian obtient le plus justifié succès.

Ce Christian était un être cocasse, une sorte de Bobèche, d'une gaîté folle qui souvent dépassait les limites convenables, mais c'était toujours si imprévu, si exorbitant qu'il était impossible de ne pas pouffer de rire! Sur la glace de sa loge était collée une inscription : *Les raseurs sont priés de ne pas moisir ici*. Sa conversation, toujours amusante, était émaillée d'horribles calembours, et puis il avait des inventions abracadabrantes. Dans une pièce qui n'eut que quelques représentations, *la Clef d'or*, Christian jouait un homme du monde, et Christian en homme du monde constituait déjà un poème de drôlerie ; il exagérait le « comme il faut » de son rôle ; fort bien mis, il étonnait par son élégance. Soudain un fou rire secoue la salle, alors que la pièce sombrait dans l'ennui : au cours d'une scène des plus sérieuses (autant qu'il m'en souvienne, on réglait les préparatifs d'un duel), Christian, renversé sur un canapé, avait croisé les jambes, et au beau milieu de l'une de ses bottes vernies dont l'aveuglant éclat avait fait sensation, une carte à jouer s'étalait, collée sur la semelle, — un as de pique.

— C'était purement idiot... mais si imprévu, si comique ! L'auteur de la pièce seul ne riait pas !

(Coll. de Mme Bl. Pierson.)
MADEMOISELLE LÉONIDE LEBLANC.
DANS « CE QUI PLAÎT AUX HOMMES »

Je me souviens qu'un jour, au château de Chantilly, où nous avions été conviés à déjeuner, mon père et moi, par Mgr le duc d'Aumale, nous vîmes arriver Christian, qui en sa qualité de maire d'une commune voisine avait été invité, ainsi que d'autres maires de l'Oise.

Il avait cru devoir, pour la circonstance, endosser le frac de soirée et la cravate blanche.

« — Oh! que vous êtes beau, cher monsieur Christian! fit le Prince.

« — Monseigneur, répondit simplement Christian, je me déguise tous les soirs pour le public ; j'ai été ravi, ce matin, de me présenter en homme du monde pour vous apporter tous mes respects ! »

CHRISTIAN.

Christian mourut, comme il avait vécu, sur les planches. Le soir d'une répétition générale d'une Revue, il jouait le Compère, avec le costume traditionnel, habit bleu, chapeau gris, pantalon nankin. Il avait une scène dans la salle et semblait inquiet, hésitant, troublé... La scène finie, Christian revient au foyer et tombe frappé d'apoplexie. On le met dans un fauteuil, il revient à lui, et, considérant vaguement tout ce monde qui l'entoure, ses camarades en costumes, les actualités en tenue..., le timbre-poste, la poupée nageuse, l'exposition, l'électricité, etc., il murmura avec un suprême sentiment d'orgueil ces mots : « Comme Molière, je meurs comme Molière ! »

Le 19 décembre 1864, première représentation

MADEMOISELLE SCHNEIDER,
DANS « LA BELLE HÉLÈNE ».

de la *Belle Hélène*, et tout Paris vient s'amuser à cette délicieuse parodie et applaudir Mmes Schneider et Silly, MM. Dupuis, Grenier, Blondelet, Baron, etc.

En vain Janin brandit, dans *les Débats*, ses foudres contre « ce perfide, ce traître Halévy, ce misérable Offenbach qui profanent tous les chefs-d'œuvre et tous les souvenirs ». Timothée Trim, lui-même, déclare dans *le Petit Journal*, qu'il est sorti l'âme navrée des Variétés où l'on insulte ses dieux et que, pour se débarbouiller avec un peu d'ambroisie, il va « relire son vieil Homère », ou déclare qu'il ignore le grec plus encore que le français, et l'on se rue aux bureaux de location.

MADEMOISELLE SCHNEIDER, DANS « LA GRANDE DUCHESSE ».

C'est du délire : le refrain : « Bu qui s'avance » sert de titre à une revue.

Un acteur de troisième ordre, Hamburger, jouait Ajax II dans *la Belle Hélène*. Son père, — un riche joaillier, — avait tenté de l'éloigner du théâtre :

— C'est un métier de crève-la-faim!

— Mais cependant il y a des exceptions!

— Apporte-moi seulement cinq noms d'artistes ayant fait fortune?

— Tu les auras demain.

En effet, le lendemain il apportait, triomphant,

une liste de dix noms à son père... Mais c'étaient des noms de femmes!

La Grande Duchesse obtint le même succès d'enthousiasme que *la Belle Hélène*. On se dispute les

MADEMOISELLE SCHNEIDER, DANS « LA PÉRICHOLE ».

loges, on s'arrache les fauteuils, les représentants connus du monde et du demi-monde emplissent la petite salle des Variétés. L'empereur Napoléon III s'y rend seul d'abord, puis y amène l'Impératrice ; le Prince de Galles va porter, durant chaque entr'acte, ses compliments à Mlle Schneider, on signale sa présence dans la loge de Baron — qui jouait le baron Grog, — et l'empereur de Russie

JOSÉ DUPUIS, DANS « LA GRANDE DUCHESSE DE GEROLSTEIN ».

fait retenir télégraphiquement de Cologne la loge qu'il désire occuper ; le vice-roi d'Égypte, le roi des Belges, le roi de Prusse, Bismark et de Moltke lui-même viennent applaudir *la Grande Duchesse* : c'est le triomphe de l'Exposition de 1867 ; les 25 premières représentations de *la Grande Duchesse* produisent la somme de 110.483 francs; les 25 premières de *la Belle Hélène*, 97.224 francs; les 25 premières de *Barbe-Bleue*, 97.558 francs.

José Dupuis, dont nous avons conté les débuts au théâtre Déjazet, était un artiste plein de grâce maligne, de finesse et de cocasserie; son air fin soulignait le mot, et nul mieux que lui ne savait, au moment précis, trouver la note juste qui enlève toute une salle. Avec cela, il possédait une voix charmante de ténor léger, et c'était une joie que de l'applaudir, alors qu'il donnait si spirituellement la réplique à Hortense Schneider.

Dupuis avait été découvert à Bobino par Hervé, le compositeur toqué, et en l'applaudissant dans *Toinette et son carabinier* le directeur des Variétés avait eu l'heureuse idée de l'engager.

Hortense Schneider, c'était l'esprit, la grâce, l'imprévu; l'œil spirituel, malin, elle chantait délicieusement et mettait dans ses couplets tout un charme captivant avec lequel elle séduisit Paris.

En 1875, les reprises succèdent aux reprises. *La Vie parisienne* émigre du Palais-Royal, Baron joue Bobinet, l'irrésistible petit crevé, et se fait une de ces têtes étonnantes qui met une salle en joie... *La Vie Parisienne* triomphe de nouveau aux Variétés. Ainsi se réalise l'aimable prédiction faite par les artistes aux auteurs, la veille de la première représentation au Palais-Royal :

« Nous savons mal le cinquième acte, nous l'avons à peine répété, c'est vrai, mais... la pièce n'ira pas jusque-là, et ça n'a aucune importance. »

Labiche, le bon Labiche, donne, avec la collaboration de Ph. Gille, *les Trente millions de Gladiator*. La pièce pétillait de mots drôles, irrésistiblement comiques : c'était Christian, en valet de chambre, qui gémissait : « Ah ! le temps n'est plus où les maîtres s'attachaient à leurs domestiques !... on était de la famille !... on avait les clefs de la cave !... et, quand vous mouriez, on vous faisait une pension viagère... » Et Baron en dentiste grandiloquent et calotté, qui sortait d'étonnants apophtegmes : « ... Sachez-le bien, Monsieur, on hésiterait toujours à donner la première gifle, si l'on savait qu'il faut recevoir la seconde... » « Les dents... ces hochets de la vanité ! » Et Dupuis, garçon pharmacien candide et dévoué, jouant les mannequins dans l'antichambre de Baron et s'écriant, à l'entrée de chaque cliente : « Quel dentiste !... Il n'y a que lui !... Voyez mes dents... elles sont toutes fausses. » « Toutes les fois que j'ai aimé, ç'a été pour la vie !... » « Moi, Madame, j'appartiens à une famille où l'on ne se marie jamais... c'est un vœu... »

Les Trente millions de Gladiator obtinrent le plus mérité des succès, et ses folies devinrent légendaires.

Meilhac et Halévy continuent à donner aux Variétés une série de petits chefs-d'œuvre : *Madame attend Monsieur*, *les Sonnettes*, *Toto chez Tata*, où triomphent Céline Chaumont et Baron.

(Coll. L. Halévy.)
LE THÉATRE D'OFFENBACH, AQUARELLE, PAR E. DETAILLE.

Les Charbonniers de Ph. Gille sont fort applaudis. Judic et Dupuis, couple exquis, Baron en secrétaire de commissaire de police grinchu et exaspéré contre ces « canailles d'honnêtes gens qui passent leur vie à se plaindre », sont délicieux de verve bouffonne.

Puis viennent : *Niniche, la Femme à Papa, Lili, Mam'zelle Nitouche,* avec l'excellent Dupuis, et la charmante Judic, dont les grands yeux ensorcellent Paris, et aussi Céline Chaumont qui, dans *la Petite Marquise* (13 janvier 1874), ce chef-d'œuvre de Meilhac et Halévy, avait créé avec un inoubliable talent le rôle délicieux de Henriette, marquise de Kergazon!... Et aussi Baron, en savant fantastique, inouï de cocasserie qui, tout en écrivant l'histoire des Troubadours, priait — de quelle façon! — la femme de chambre d'une cocotte de « faire semblant de l'aimer ».

MADAME A. JUDIC.
(D'après une photog. de A. Block.)

Se souvenant de l'immense succès de *M. Garat*, sachant que Sardou est l'homme de Paris qui connaît le mieux la Révolution, la direction des Variétés lui demande *les Merveilleuses!* — Pendant six mois les dessinateurs, les décorateurs, les costumiers, les coiffeurs et les modistes font des prodiges. Le perron du Palais-Royal revit tel qu'il était en 1797 avec ses enseignes, ses affiches, ses réclames : *Mlle Aglaé tient la fantaisie en tous genres*, — *Mlle Lolotte marchande de frivolités, etc.*, ses tables de café, son *Cours des Assignats*, ses agioteurs, ses courtiers marrons, ses filles, ses joueurs et ses musiciens en plein vent.

JOSÉ DUPUIS DANS « M. BETZY »

Debucourt, Carle Vernet, Bosio, tous les dessinateurs de la fin du xviiie siècle avaient été mis à contribution; *le Journal de la Mésangère, le Bon Genre, les Modes et Manières du Jour, les Caricatures Parisiennes, le Suprême Bon Ton* étalaient vivants, rieurs, pleins de grâce, l'œil enjôleur, la bouche souriante, leurs plus jolis modèles, et le Paris libertin et joyeux de cette époque extravagante que fut le Directoire, revivait en cette splendide évocation de Victorien Sardou.

Ce fut la fête des yeux et ceux-là qui applaudirent *les Merveilleuses* n'oublieront jamais cette belle soirée. Mme Chaumont, Gabrielle Gauthier, Priston, Grandville, MM. Dupuis, Baron, Christian, Grenier et Lesueur obtiennent un gros succès ; malgré tout, la pièce tient peu de temps l'affiche, et *les Merveilleuses* se ressentent des haines politiques qu'avait déchaînées *Rabagas*.

C'est à l'une des répétitions que l'acteur Blondelet, à qui l'auteur n'avait confié qu'une « figuration intelligente », agacé par le bruit qui se faisait autour de lui, s'écria, furieux : « Mais taisez-vous donc, n. d. D...! on ne s'entend pas figurer ! »

Les bonnes pièces se succèdent : *Décoré, ma Cousine*, sont des succès. *M. Betzy*, de Paul Alexis et Métenier, réussit fort. Réjane, Dupuis et Baron, admirable trilogie, y interprètent avec leur habituel talent, trois rôles horriblement difficiles dont ils font trois curieuses créations. Cette admirable Réjane nous présente une miss Betzy, écuyère sentimentale et roublarde, inoubliable d'esprit, d'intelligence, d'allure. Depuis, bien des pièces ont paru sur cette belle scène qu'administre M. Fernand Samuel avec une incomparable maîtrise et une rare habileté : il faut avoir pénétré sur ce minuscule théâtre pour se rendre compte des chefs-d'œuvre d'ingéniosité qu'il est nécessaire d'accomplir pour équiper, en un si petit espace, les beaux décors que Paris applaudit.

Des noms nouveaux et applaudis apparaissent sur l'affiche rajeunie. C'est Lavedan, qui, pendant des centaines de représentations, fait connaître au théâtre les douceurs du maximum. Après *le Nouveau Jeu* (8 février 1898), *le Vieux Marcheur* (3 mars 1899) ; et ce sont les mêmes artistes, Jane Granier et Brasseur, qui mènent triomphalement le succès. Qu'il est complet, le jeune Costard du *Nouveau Jeu*... et si moderne ! et Bobette Langlois ! Avec une verve, un esprit, une drôlerie incomparables, Lavedan tire les ficelles de tous ces pantins, Labosse, le Commissaire, l'aimable Buranty et Mme Costard mère... la collectionneuse des œuvres du peintre Lobrichon, interprétée par Mme Magnier, toujours élégante et jolie. Le jour de la centième représentation, le speach du caissier eut les honneurs de la soirée ; il accusait six cent mille francs de recette ! et, de l'avis général, ce fonctionnaire fut trouvé éloquent comme Bossuet.

Dans *le Vieux Marcheur*, notre ami Labosse reparaît, plus jeune que jamais, sous ses cheveux gris ; il a, depuis bien longtemps, oublié Bobette Langlois et « protège » l'aimable Léontine Falempin, devenue maîtresse d'école aux Tourniquets. Labosse est un personnage officiel. Il est sénateur et toujours vert galant, et Brasseur avec une incroyable souplesse de talent fait du « Vieux Marcheur » une de ses meilleures créations. Jane Granier semble moins à l'aise sous les bas bleus de l'institutrice que sous les bas brodés à jour de Bobette ; elle n'en a que plus de mérite à se faire applaudir par toute la salle. Ève Lavallière reste, suivant son habitude, exquise, drôle et personnelle. Quelle charmante artiste, et que le succès a donc raison de la traiter toujours en enfant gâtée ! Au souper de centième, le caissier reprend de nouveau la parole et déchaîne des tonnerres d'applaudissements ; il a l'éloquence des chiffres : comme *le Nouveau Jeu, le Vieux Marcheur* a rapporté six cent mille francs à la caisse du théâtre. Triple hurrah pour Henri Lavedan !

Une reprise de *la Belle Hélène* permet d'applaudir la jolie voix de Mme Simon Girard et fait revivre le glorieux répertoire de Meilhac, de Ludovic Halévy et du maître Offenbach. L'année 1905 sera l'année heureuse pour les Variétés, car Alfred Capus y fait représenter *la Veine*. Cette délicieuse Comédie avait été apportée par son auteur à la Comédie-Française ; le terrible incendie de 1900 en avait forcément retardé la lecture, et Capus reprit possession de son œuvre ; F. Samuel l'accueillit d'enthousiasme, et, le 2 avril 1901, *la Veine* obtint les honneurs du triomphe.

La pièce était parfaite, spirituelle, amusante, émouvante aussi, et les interprètes avaient été merveilleux, L. Guitry, Brasseur, Mmes Granier, Lavallière, Thomsen et Lender ! Avec son incomparable talent, Guitry fit de Julien Bréard une création de souriante gaieté, d'esprit fin, de délicate émotion ; Brasseur dessina de la plus artistique façon la vivante silhouette du viveur bon enfant, spirituel comme un Sem animé ; Jane Granier, parfaite de simplicité, de bonté, de tendresse discrète ;

Lavallière, un éclat de rire, un charme communicatif... tous méritèrent les honneurs du triomphe et, chose rare, le Président de la République lui-même, oubliant que ses graves fonctions semblaient le condamner aux théâtres subventionnés à perpétuité, assista le 24 avril à la représentation de l'œuvre nouvelle d'A. Capus. Ce soir-là, la recette fut de 8.500 francs. Jamais le petit théâtre du boulevard Montmartre n'avait réalisé somme aussi considérable !

Pendant de longs mois, le succès continua, formidable, incontesté ; *la Veine* n'était pas un vain mot, et les Variétés avaient raison de ne pas la lâcher, pendant qu'ils avaient la rare fortune de la tenir.

La veine, sous une autre forme, continue à cet heureux théâtre, car l'an suivant voit le triomphe des *Deux Écoles* où Brasseur, Baron, Guy, Jeanne Granier, Lavallière, Marie Magnier, les artistes acclamés de la veille, montent de nouveau au Capitole : une fois de plus, A. Capus fait la joie de Paris, et la série heureuse continue ; deux noms nouveaux, qui seront dès le premier jour applaudis et glorieux, paraissent sur cette joyeuse affiche des Variétés : ceux de MM. R. de Flers et A. de Caillavet.

La chanson avait assuré « qu'un quart d'heure avant sa mort M. de la Palisse était encore en vie » ; sa résurrection devait être rapide, car, en 1904, ce noble seigneur faisait sa brillante résurrection boulevard Montmartre : *M. de la Palisse* était le héros d'opérette rêvé ; il était à la fois un refrain et une philosophie, et le refrain était gai et la philosophie était douce ; aussi *M. de la Palisse* fit-il quantité de disciples ; pendant de longues soirées, il tint des

Mlle ÈVE LAVALLIÈRE DANS « M. DE LA PALISSE ».

salles entières sous le charme de son indulgente et gaie bonhomie, et Albert Brasseur et Ève Lavallière furent les éloquents apôtres de ce débonnaire Messie. Sous l'influence de ce bon gentilhomme, on n'échangea plus sur le plateau que des vérités évidentes, les petites comédiennes retrouvèrent leur naïveté première, les acteurs leur native simplicité, les auteurs leur indulgence et leur patience. Les décors eux-mêmes furent sincères et les trompe-l'œil loyaux. Ce qui surtout fut franc, sans réserve et clair comme eau de roche, ce fut le succès des délicieux interprètes et le triomphe de MM. de Flers, Caillavet et Cl. Terrasse, qui redonnaient à ce cher théâtre, le plus parisien peut-être de tous les théâtres de Paris, le souvenir des belles heures de jadis.

C'étaient tous les fantômes évoqués des gloires d'autrefois qui semblaient danser joyeusement — sur un air d'Offenbach — une sarabande autour du lustre. — La Belle Hélène faisait vis-à-vis à Piquillo, la Périchole se trémoussait tout près du Brésilien, et sous l'œil en coulisse de la grande-duchesse de Gerolstein la revue défilait, conduite par le général Boum... Ils revivaient tous, rappelés à la gaîté, par les accents endiablés de cette spirituelle musique : M. de Gondremark, Calchas, la Gantière, le baron Grog, le Caissier des Brigands, Niniche et Jupiter y coudoyaient la Roussotte flirtant avec Barbe Bleue — et Falsaccappa ! l'immortel Falsaccappa, escorté du chef des Carabiniers y enlevait la Boulotte, qu'immortalisa Schneider. Le Pion épique de Ludovic Halévy tenait encore par l'oreille Toto, que personnifia si joliment Céline Chaumont, ce Toto, coupable d'être allé chez Tata ! Quant au roi Ménélas, toujours gentilhomme, il faisait les honneurs du théâtre à M. de la Palisse.

Et toutes ces apparitions charmantes semblaient

avoir empli le théâtre de leurs exploits d'une odeur capiteuse, qui fleurait bon le succès... ce succès qui depuis toujours semble inséparable de cette mignonne scène des Variétés!

Le titre même de la dernière soirée de grande fête célébrée boulevard Montmartre, ce titre charmant et prometteur qui décore l'exquise comédie de M. Francis de Croisset, semble en quelque sorte résumer l'histoire de cet heureux théâtre : Voilà *le Bonheur, Mesdames!*

Paris, mars 1906.

TABLE DES MATIÈRES

LE BOULEVARD DU TEMPLE

Pages.

Les origines du boulevard du Temple. — Nicolet et le théâtre des Grands-Danseurs du Roi. — Le Grimacier. — Le théâtre des Associés. — Mme Saqui.................................... 1

Les Délassements-Comiques. — Le théâtre de la Malaga. — Le boulevard du Temple. — Le musée de cires du sieur Curtius. — Le théâtre Patriotique et les boniments de Salé. — Bobèche et Galimafré. — Une lettre de M. Ludovic Halévy..... 15

L'Ambigu-Comique. — Les troupes d'enfants. — Rivalités. — Mélodrames et pantomimes. — Mme Angot. — *L'Auberge des Adrets* et Frédérick-Lemaître. — L'incendie de 1827. — Brazier et la *Chronique des petits théâtres*. — Le petit Lazari. 29

Les cafés du boulevard du Temple. — Frédéric Lemaître débute aux Variétés-Amusantes. — Le Panorama Dramatique. — Théâtre du Cirque. — Astley. — Franconi. — Frédérick Lemaître au Cirque. — Le théâtre des Troubadours. — Le mouvement dramatique en 1830. — L'Épopée napoléonienne. — L'attentat de Fieschi. — Ce que l'on jouait à Paris le 28 juillet 1835. — Le Cirque Olympique. — Mac-Moc et le café des *Pieds-Humides* 41

THÉATRE DE LA GAITÉ

Pages.

Le théâtre de la Gaîté. — Martainville et *le Pied de mouton*. — L'incendie de 1835. — Réouverture. Paillasse. — Paulin Ménier et *le Courrier de Lyon*. 73

Théâtre des Folies-Dramatiques. — *Robert Macaire*. — Disparition des baraques et des théâtres en plein vent. — La littérature dramatique au boulevard du Temple.................................. 93

Théâtre des Funambules. — Le grand Deburau, Ch. Deburau.................................. 105

Alexandre Dumas et le Théâtre-Historique. — La première représentation de *la Reine Margot*. — Mélingue et les drames de cape et d'épée....... 117

Les Folies-Nouvelles. — Hervé, le compositeur toqué. — Le théâtre Déjazet. — Sardou et M. Garat. — La mort du boulevard du Temple.......... 131

LES THÉATRES DES BOULEVARDS

L'AMBIGU. — LA PORTE-SAINT-MARTIN. — LES FOLIES-DRAMATIQUES. — LA RENAISSANCE. — LE GYMNASE. — LES VARIÉTÉS.

L'AMBIGU

L'Ambigu, boulevard Saint-Martin. — *Les Mousquetaires*. — *Le Juif-Errant*. — L'acteur Machanette. — *Le Crime de Faverne* et Frédérick Lemaître. — L'Ambigu pendant le siège de Paris. — *Spartacus*. — *Une cause célèbre*. — *L'Assommoir*. — *L'As de Trèfle*. — *Les Deux Gosses*.................. 157

LE THÉATRE DE LA PORTE-SAINT-MARTIN

L'Opéra. — Le théâtre de la Porte-Saint-Martin. — Frédérick Lemaître et Mme Dorval. — *Marion Delorme* et le drame romantique. — L'Ecole de 1830. — Le théâtre d'A. Dumas. — Balzac et la première de *Vautrin*. — *Tragaldabas*. — *La Tour Saint-Ybars*.— *Les Mystères de Paris*. — Mme Marie Laurent. — *Mélingue*. — *Patrie*. — Le siège de Paris. — Incendie de la Porte-Saint-Martin. — Sa réouverture. — *Le Tour du monde* et le théâtre scientifique. — Sarah Bernhardt et *Théodora*.... 187

THÉATRE DU GYMNASE

Le Théâtre de Madame. — Scribe et son théâtre. — Léontine Fay. — *Avant, Pendant et Après*. — 1830. — Bouffé. — Lacenaire homme de lettres. Arnal et le théâtre de Duvert et Lauzanne. — *Le Demi-Monde* et le théâtre de Dumas fils. — La première des *Pattes de mouche*. — Héloïse Paranquet et les collaborations anonymes. — Mme Pasca. — *Frou-Frou* et Aimée Desclée. — Blanche Pierson et *la Princesse Georges*. — *Andréa* et les plagiaires. *Monsieur Alphonse*. — M. Lucien Guitry. — *M. le Ministre*. — *Le Maître de forges* et Mme Jane Hading. — *L'Abbé Constantin*......................... 259

THÉATRE DES VARIÉTÉS

Le décret de 1807. — *Le Panorama de Momus*. — Le boulevard Montmartre. — Le grand Potier. — La guerre des calicots. — Déjazet. — Brunet et l'Empereur. — L'Année des *Cendrillon*. — Le retour de Louis XVIII. — Odry. — *La Vie de Bohème*. — Le Théâtre de Meilhac et Halévy. — Mlle Schneider et Jose Dupuis. — *Le Nouveau Jeu* et le Théâtre d'Henri Lavedan. — *La Veine*. — *M. de la Palisse*..................................

TABLE DES GRAVURES

Frontispice : *L'Afficheur*, par Carle Vernet.

	Pages.
Le boulevard du Temple en 1630 (eau-forte de Martial).	1
Cadet Buteux au boulevard du temple (gravure du xix° siècle)	3
La promenade des Remparts de Paris, par Saint-Aubin.	5
Théâtre de Nicolet (d'après une vue d'optique de 1775)...	7
Les Farces ou Bobèche en bonne humeur, par Duplessis-Bertaux	9
Grand café Alexandre, dessin rehaussé, par Arrivet.	10
Théâtre des Funambules (lithographie de Langlumé)....	12
La Parade du boulevard du Temple, à Paris (d'après une gravure de l'époque)	15
Les Délassements-Comiques (eau-forte de Martial)	17
Salon des figures de cire (eau-forte de Martial)	19
La parade de Bobèche et de Galimafré (Jean Roller *pinxit*)	21
Rigolboche	26
Vue du théâtre de l'Ambigu-Comique (xviii° siècle)	29
La queue à l'Ambigu (d'après un tableau de Bailly)	31
Frédérick Lemaître (lithographie de Langlumé)	33
Vue de l'Ambigu-Comique (Lallemand *del.*)	34
Théâtre des Jeunes-Elèves	37
Le boulevard du Temple vers 1830	42
Théâtre du Petit-Lazare	43
Cirque Franconi	45
Programme de l'Amphithéâtre-Anglais	47
L'incomparable cerf du Nord, nommé Azor	48

	Pages.
Cirque Franconi	49
Cirque Olympique en 1828	51
Le Théâtre du Cirque-Olympique (A. Testard *del.*)	52
Prudent, rôle de Napoléon dans *Schœbrunn et Sainte-Hélène*, par Dupré	53
Le boulevard du Crime (eau-forte de Martial)	55
Frontispice du *Prince Eugène*	62
Frontispice de *Bonaparte en Egypte*	63
Frontispice de l'*Histoire du Drapeau*	65
Le clown Auriol	67
Le clown Billy-Hayden (dessin de Gerbault)	69
Le chien Munito (eau-forte de Martial)	71
Le boulevard du Temple, vers 1860	73
Théâtre du Cirque, vers 1860	75
Frontispice du *Pied de Mouton*	77
Les types de *Fanchon la vielleuse*	81
Victoria Lafontaine dans *la Grâce de Dieu* (d'après une photographie)	82
Frontispice de *Marceau*	83
Frédérick Lemaître dans *Robert Macaire*	84
Cartouche (frontispice de la brochure)	85
Le Courrier de Lyon (frontispice de la brochure)	87
Paulin Menier	88
Les Cosaques (frontispice de la brochure)	89
Fualdès (frontispice de la brochure)	91
Folies-Dramatiques (eau-forte de Martial)	93
Frédérick Lemaître, dans *le Père Gachette*	94
Frédérick Lemaître, par Léon Noël (1833)	95
Frédérick Lemaître, dans *Trente ans ou la Vie d'un joueur*	97
Frédérick Lemaître, dans *l'Auberge des Adrets*	98
L'Œil crevé (frontispice de la brochure)	99
Mlle Lasseny (*l'Œil crevé*)	101
Mme Saqui	102
Les Funambules	105
Le boulevard du Temple, vers 1820	107
Ch. Deburau, dans ses principaux rôles	109
Charles Deburau (d'après une photographie originale)	111
Charles Deburau (d'après C. Geoffroy)	113
Charles Nodier (lithographie)	115
Les théâtres du boulevard du Temple	117

	Pages.
Rouvière, dans *la Dame de Montsoreau*	118
Alexandre Dumas (lithographie)	119
Mélingue (d'après une lithographie de Gavarni)	121
Le Chevalier de Maison-Rouge (frontispice de la brochure)	123
La jeunesse des Mousquetaires (frontispice de la brochure)	125
Le Théâtre-Historique (eau-forte de Martial)	127
Mme Miolan-Carvalho (rôle de Marguerite de *Faust*)	129
Boulevard du Temple. — Jardin turc, en 1840	131
Théodore de Banville (lithographie de Gavarni)	133
Mlle Dejazet (lithographie de Léon Noel)	135
— dans *Bonaparte à Brienne*	137
— dans *la Douairière de Brienne*	138
— dans *Monsieur Garat*	139
— dans *Monsieur Garat*	141
Perron du théâtre Déjazet (eau-forte de Martial)	143
L'acteur Bache	144
Mlle Dejazet, dans *le Vicomte de Létorières*	145
— dans *le Gentil Bernard*	146
— dans *la Douairière de Brionne* (premier rôle)	147
Démolition du boulevard du Temple	149
Le café Planchet, boulevard du Temple	153
Théâtre de l'Ambigu-Comique	157
Frédérick Lemaître et Serres, dans *l'Auberge des Adrets*	158
Théâtre de l'Ambigu (*le Maître d'école*, acte II, scène VI)	161
Le théâtre de l'Ambigu (eau-forte de Martial)	165
Le Marchand de Coco (frontispice de la brochure)	166
Frédéric Febvre, dans *la Maison du Pont-Notre-Dame*	168
Théâtre de l'Ambigu-Comique, *la Famille des Gueux*	169
— — *la Famille des Gueux*	171
Frédérick Lemaître, dans *le Crime de Faverne*	172
Jane Essler, dans *les Beaux Messieurs de Bois-Doré*	173
Bocage	174
Boutin, dans *les Nuits de la Seine*	175
Théâtre de l'Ambigu, *le Fils de Porthos*	177
Le théâtre de la Porte-Martin, vers 1790	187
Les Désespérés (frontispice de la brochure)	188
Potier, rôle du père Sournois	189
Philippe	191

	Pages.
Mlle Georges, dans *la Guerre des Servantes*	193
Mme Dorval	195
Bocage (lithographie de Noël)	197
Victor Hugo	199
Lucrèce Borgia (frontispice de la brochure)	201
Bocage, dans *la Tour de Nesles*	205
Alexandre Dumas	207
Vautrin (frontispice de la brochure)	211
Une loge vers 1830 (lithographie de Gavarni)	213
Le Chiffonnier de Paris (frontispice de la brochure)	215
Le Pacte de famine (d'après une lithographie de Mélingue)	217
A. de Lamartine (lithographie de Devéria)	221
Mme Marie Laurent, dans *les Chevaliers du Brouillard*	225
Théâtre de la Porte-Saint-Martin : *les Chevaliers du Brouillard* (dernier acte)	226
L. Péricaud, dans *le Bossu*	227
Le Bossu (frontispice de la brochure)	228
Patrie, IVe acte : *l'Hôtel de Ville*	229
Mlle Thérésa	230
Dumaine	231
Léonide Leblanc, dans *Patrie*	232
Théâtre de la Porte-Saint-Martin	233
Frédéric Lemaître	237
Dumaine, dans *Marie Tudor*	238
Théâtre de la Porte-Saint-Martin : *les Étrangleurs de Paris*	239
Le Théâtre-Illustré : *le Voyage à travers l'impossible*	243
Théodora, la Loge impériale	245
Théâtre de la Porte-Saint-Martin : *le Crocodile*	247
Le décor du *Chevalier de Maison-Rouge* : la Berge de la Seine	248
Mme Sarah Bernhardt, dans *Tosca*	249
Mme Honorine, rôle de la *Frochard*	250
Lucien Guitry, rôle de Coupeau dans *l'Assommoir*	257
Théâtre du Gymnase (eau-forte de Martial)	259
Bernard Léon et Numa, dans *le Coiffeur et le Perruquier*	263
Léontine Fay	265
Bouffé	267
Bouffé dans *la Fille de l'Avare*, *Pauvre Jacques*	268
Bouffé, dans *Michel Perrin*	269

	Pages.
Bouffé, dans *l'Oncle Baptiste*	270
Lafont, dans *le Dandy*	271
Mlle Léontine Fay	273
Achard, dans *la Famille du Fumiste*	276
Arnal (lithographie d'après nature)	277
H. de Balzac	279
Geoffroy, dans *Mercadet*	280
Lafont (lithographie)	283
Victorien Sardou	285
Alexandre Dumas fils	287
Mme Céline Montalaud, dans *Don Quichotte*	289
Don Quichotte : théâtre du Gymnase	290
Mlle Sarah Bernhardt	291
Les Vieux garçons	292
Mme Pasca, d'après le tableau de L. Bonnat	293
Lesueur, dans *Un soufflet n'est jamais perdu*	295
Mme Pasca	297
Aimée Desclée	299
Mlle Massin	301
Mlle Bl. Pierson	303
Mlle Bl. Pierson, dans *Andrea*	307
Théâtre du Gymnase : *Bébé*	309
Théâtre-Illustré : *le Fils de Coralie*	311
Projet de costume pour *l'Amiral* (aquarelle par E. Detaille)	313
Le Théâtre-Illustré : *Monsieur le Ministre*	315
Théâtre du Gymnase : *le Maître de Forges*	316
— *le prince Zilah*	319
M. Ludovic Halévy dans son cabinet de travail à Lussy.	321
Vue du théâtre des Variétés sur le boulevard.	329
La Revue des Battoirs	331
Le théâtre des Variétés vers 1820	332
Odry : Rôle de Lucas dans *l'Ecole du village*	333
M. Perroud, dans le rôle de l'Homme Gris. — Thenard, dans celui du baron de Lindorf	334
Le combat des Montagnes	335
Mlle Pauline : rôle du petit Chaperon-Rouge.	337
Philippe dans *Jean de Paris*	339
Mlle Carmouchi (Jenny Vertpré)	349
Brunet (rôle de Cendrillon)	341
Potier : Rôle de Boissec dans *le Ci-devant jeune homme*.	342

	Pages.
Perlet, dans le *Comédien d'Etampes*......................	343
Le théâtre des Variétés vers 1815.......................	345
Odry : rôle de Lucas, dans *l'Ecole du Village*...........	346
Le théâtre des Variétés vers 1828.......................	349
Les Cuisinières..	353
La Vie de Bohême (frontispice de la brochure)..........	357
Henri Meilhac et Ludovic Halévy........................	360
Mlle Léonide Leblanc.................................	361
L'acteur Christian.....................................	364
Mlle Schneider dans *la Belle Hélène*.................	365
— dans *la Grande Duchesse*...............	366
— dans *la Périchole*.....................	367
José Dupuis, dans *la Grande-Duchesse de Gerolstein*....	368
Le théâtre d'Offenbach (aquarelle par E. Detaille, collection L. Halévy)..................................	371
Mlle A. Judic.......................................	372
José Dupuis, dans *M. Betzy*............................	373
Eve Lavallière, dans *M. de la Palisse*..................	376

TOURS

IMPRIMERIE DESLIS FRÈRES

RUE GAMBETTA, 6

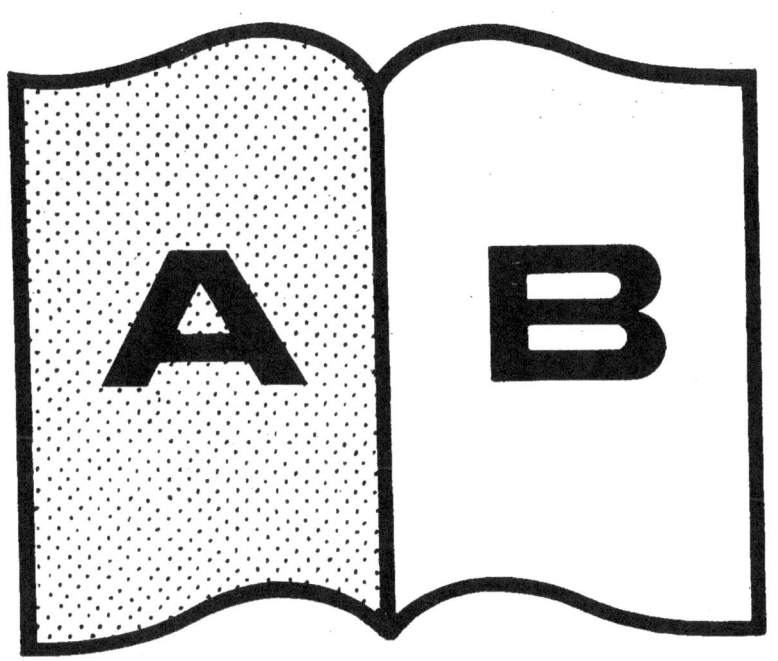

Contraste insuffisant
NF Z 43-120-14

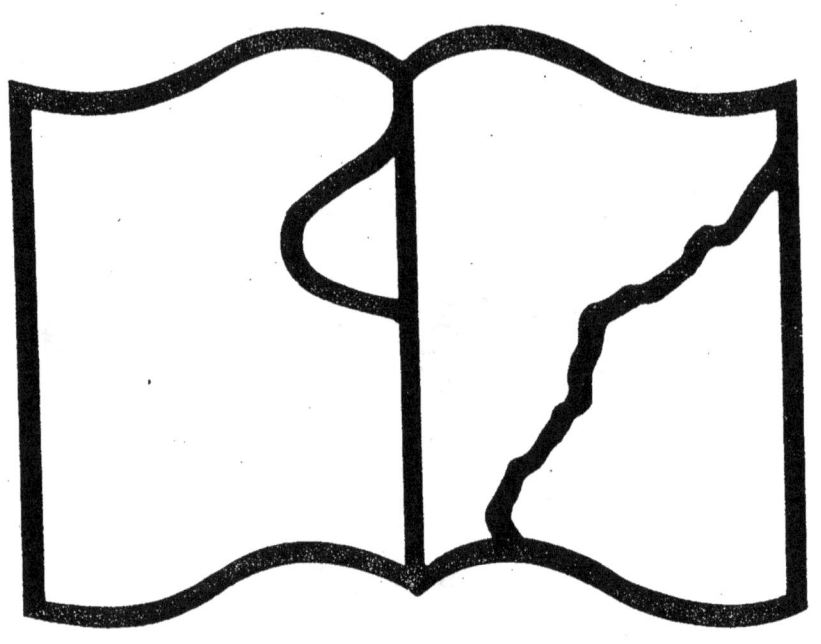

Texte détérioré — reliure défectueuse
NF Z 43-120-11